SEMERKΛND
İstanbul, 2013

SEMERKΛND: 112

İslam Ahlâkı Dizisi : 5
yayin@semerkand.com
ISBN: 978-605-4214-99-0

Eserin Orijinal İsmi

Kitâbu'l-Birr ve'S-Sıla

Yazar : Abdullah İbn Mübarek
Mütercim : İshak Doğan
Editör : Ahmet Murat Özel
Redaksiyon : Yücel Baştürk
Tashih : Hüseyin Okur
Kapak : Semerkand Tasarım
İç Düzen : M. Vehbi Ümit
Baskı : Pasifik Ofset
Cihangir Mah.
Güvercin Cad. No. 3
Baha İş merkezi A Blok
Avcılar/İstanbul
Tel: 0212 412 17 77
Sertifika No: 12027
(yaygın dağıtım)

Temmuz 2013, İstanbul
6. Baskı

GENEL DAĞITIM

 POZİTİF DAĞITIM **TÜRKİYE:** Eyüpsultan Mah. Esma Sokak. No.7/A Samandıra-Sancaktepe-İstanbul
Tel: 0216 564 26 26 **Faks:** 0216 564 26 36 online satış: www.semerkandpazarlama.com

EROL MEDIEN **AVRUPA** Erol Medien GmbH Kölner Str. 256-51149 Köln **Tel.:** 0 22 03 / 36 94 90
Fax: 0 22 03 / 36 94 910 **Online Satış:** www.onlinefuar.de **E-Mail:** info@erolmedien.de

ABDULLAH İBN MÜBAREK

MUTLULUK YOLU

HADİSLER IŞIĞINDA AİLE İLİŞKİLERİ

ÇEVİREN
İSHAK DOĞAN

SEMERKAND

ABDULLAH İBN MÜBAREK (r.a)

736 yılında Merv'de dünyaya gelip 797 yılında vefat eden İbn Mübarek (r.a), tabiinden birçok kimseye yetişti. İlmi ve zühdüyle şöhret bulmuş olan müellifin çok sayıda eseri bulunmaktadır. (Detaylı bilgi elinizdeki kitabın ilk bölümünde yer almaktadır)

İÇİNDEKİLER

'Buhârî'nin hocasının hocası'

ABDULLAH İBN MÜBÂREK

Ebu Abdirrahman Abdullah b. Mübarek b. Vâzıh el-Hanzalî el-Mervezî (ö. 181/797) Hişâm b. Abdilmelik'in yönetimde bulunduğu sırada, h. 118 (m. 736) yılında ya da bir yıl sonra Merv'de dünyaya geldi. Babası Türk, annesi ise Harizm'dendir. Tabiînden birçok kimseye yetişti. Zehebî'nin, "İslâmın ve müslümanların tam bir izzet içinde yaşadığı, ilmin çok, cihad ve sünnet önderlerinin meşhur olduğu, bid'atların altının üstüne getirildiği, doğruyu söyleyenlerin ve âbid kulların çok olduğu, insanların emniyet içinde yaşadığı, Muhammedî orduların batının dört bir yanında olduğu asır" olarak nitelediği parlak bir dönemde yaşadı. Bu sırada, İbrahim b. Edhem, Dâvud et-Tâî, Süfyân-ı Sevrî gibi sâlih kimseler yanında, Ebu Hanife, Mâlik ve Evzâî gibi fakihler vardı. Çocukluk ve gençlik yıllarının Merv'de geçtiği bilinmekte, ancak kaynaklarda bu dönem hakkında yeterli bilgi bulunmamaktadır. İlk hocası Mervli âlim Rebî b. Enes el-Horasânî'dir. İlim tahsili için ilk seyahate yirmi üç yaşlarında iken çıktı. Daha sonraki yıllarda bu seyahatlerini devam ettirdi. Zamanın ilim merkezlerinden olan Basra, Hicaz, Yemen, Mısır, Şam ve Irak'a yolculuklar yaptı. Derin bilgisiyle Basra'nın hadis imamı kabul edilen Hammâd b. Zeyd'in takdirini kazandı. Ma'mer b. Râşid, Evzâî, A'meş, Süfyân es-Sevrî, Mâlik b. Enes ve Süfyân b. Uyeyne gibi meşhur muhaddislerden hadis okudu. Kendisinden de başta hocaları Ma'mer b. Râşid ve Süfyân es-Sevrî olmak üzere, Abdurrahman b. Mehdî, Abdürrezzâk b. Hammâm, Yahya b. Main, İshak b. Râhûye gibi hadis ilminin önde gelen imamları hadis rivayet etti. Abbasî Halifesi Hârûn Reşîd devrinde, Misis ve Tarsus civarında Bizans'a karşı savaştı. 181 (797) yılı Ramazan ayında altmış üç yaşında iken Fırat nehri kenarında bulunan Hit'te vefat etti ve orada defnedildi. Hârûn Reşîd, Abdullah b. Mübârek vefat ettiğinde, "Âlimlerin efendisi öldü" demiştir.

İlim Tahsili:

Ebu Usame, "İlmi, Abdullah b. Mübârek'ten daha çok isteyen bir kimse görmedim" der.

İbrahim b. Şemmâs da: "İnsanların en fakihini, en vakarlısını ve hafızası en iyi olanını gördüm. En fakîhi, İbnu'l-Mübârek'ti. En vakarlısı, Fudayl b. İyâz'dı. Hafızası en iyi olan da, Veki b. el-Cerrâh'tı" der. Birçok büyük âlimin yetiştiği Horasan bölgesinde özellikle Merv'de hadisleri tedvin eden ilk âlim oluşu, İbnü'l-Mübârek'in şöhretini arttıran sebeplerin başında gelir. Ahmed b. Hanbel, o devirde ilme ondan daha meraklı ve hadis sahasında ondan daha büyük bir âlimin bulunmadığını söyler. Yahya b. Maîn, İbnü'l-Mübârek'in kitaplarında yirmi binin üzerinde hadis bulunduğunu nakleder. Evinde oturup hadisle meşgul olmayı çok seven İbnü'l-Mübârek'e, "Bu yalnızlıktan rahatsızlık duymuyor musun?" diye sorulduğunda, "Hz. Peygamber ve ashabıyla birlikte iken nasıl yalnızlık duyarım!" karşılığını vermiştir. Dört bin kişiden hadis dinleyen ve bunların sadece bin tanesinden rivayette bulunan İbnü'l-Mübârek, ehil olmayanlardan hadis almadığı gibi böylelerine hadis de rivayet etmezdi; fakat beğenip takdir ettiği kimselere, cihada gittiği yerlerde bile hadis öğretirdi.

Hadis râvilerini çok iyi bildiği ve hadis ilminin özü sayılan fikhu'l-hadisin önde gelen âlimlerinden biri olduğu için, rivayet ettiği hadisler bu açıdan ayrı bir değer taşır. Bu sebeple ondan nakledilen hadislerin delil olarak kullanılabileceği hususunda âlimler ittifak etmişlerdir. Hadis ilminin temelini teşkil eden isnad'ın değerini kavrayıp ortaya koymuş, dinini isnadsız öğrenmek isteyen kişiyi evinin damına merdivensiz çıkmak isteyen kimseye benzetmiş, "isnad olmasaydı herkes aklına eseni söylerdi," demiştir. O, tedlîs'i çok çirkin ve affedilmez hatalardan biri sayar ve hadisin aslında bulunmayıp çoğunlukla râvilerin bilgisizliğinden kaynaklanan kusurlar demek olan lahin ve tashîfin düzeltilmesi gerektiğine inanırdı. Kendisinden hadis alanlara, öğrendikleri hadisleri öncelikle Arap gramerini çok iyi bilen birine göstermelerini tavsiye ederdi. Kütüb-i Sitte müellifleri onun rivayetlerini hiç tereddüt etmeden eserlerine almışlardır. Abdullah b. Mübârek, Erbeûn Edebiyatının ilk musannifi olarak da bilinir.

Ebû Hanîfe'nin talebesi ve dostu olan İbnü'l-Mübârek'in fıkıh ilminde de önemli bir yeri vardır. Fıkıhta ilk olarak Ebû Hanîfe'nin metodunu benimsemiş, fıkıh bablarına göre tasnif ettiği es-Sünen fi'l-Fıkh adlı eserinde onun usulünü esas almıştır. 'İnsanların en fakihi' diye nitelendirdiği Ebû Hanîfe hakkında çeşitli vesilelerle övücü sözler söylemiş, şiirler yazmıştır. Ebû Hanîfe'nin vefatından sonra Mâlik b. Enes'in ders halkasına katılan İbnü'l-Mübârek, fıkıhta Hanefî ve Mâlikî mezheplerini birleştiren bir usul ortaya koymuştur. Genellikle Hanefîler'den sayılmakla birlikte bazı Mâlikî tabakatında da kendisine yer verilmektedir. Ona göre, fetva verebilmek için hadis kültürünü çok iyi bilmek, ayrıca fıkıh bilgi ve melekesine de sahip olmak gerekir. Kur'an ve Sünnet'e aykırı bir görüş belirtmek mümkün olmadığından, meselâ herhangi bir fetva veya fıkhî görüş hakkında, "Bu, Ebû Hanîfe'nin görüşüdür" yerine "Bu, Ebû Hanîfe'nin hadisi anlayışı ve açıklamasıdır" denilmesini daha doğru bulurdu.

İbnü'l-Mübârek'in zühd anlayışı da üzerinde durulması gereken özellikler taşır. Zühdle ilgili hadis malzemesini Kitâbü'z-Zühd ve'r-Rekâik adlı eserde toplayan İbnü'l-Mübârek'e göre zühd, dünya ile alâkayı kesmek değil, dünyaya ve dünyalığa bağlanmamaktadır. Nitekim o, hayatı boyunca ticaretle meşgul olmuş, savaşlara katılmış, defalarca hacca gitmiş ve ilim öğretmeye çalışmıştır. Fudayl b. Iyaz'a, "Sen ve arkadaşların olmasaydı, ticaret yapmazdım" diyen Abdullah b. Mübârek, fakirlere yılda yüz bin dirhem infâkta bulunurdu. Onun, "İlmi dünya için öğrendik, ama ilim bize dünyaya değer vermemeyi öğretti" sözü, bu konudaki görüşünü açıkça ortaya koymaktadır. Günün belirli bir bölümünü zikir ve tefekküre ayırdığı, bu süre içinde hiç kimseyle konuşmadığı, insanlarla sürekli bir arada bulunmayı ve onlarla içli dışlı olmayı ilim ehli için uygun görmediği rivayet edilir. Ancak onun bu tavrı uzleti tercih ettiği anlamına gelmez. Çünkü o, sürekli uzleti doğru bulmazdı. Hocası Şamlı muhaddis İsmail b. Ayyaş, "Allah'ın ona nasip etmediği hiçbir hayırlı haslet kalmamıştır" derdi. Süfyân b. Uyeyne, onu ashabla mukayese ederek ashabın Hz. Peygamber'le sohbet edip gazvede bulunmuş olmalarının dışında İbnü'l-Mübârek'e bir üstünlüklerini görmediğini belirtirdi. İlminde ve zühdünde son derece mütevazı olan İbnü'l-Mübârek, zenginlere karşı kibirli davranmanın da tevazuun gereği olduğunu söylerdi. Bununla beraber o zenginliğe karşı değildi. Başkalarına el açmamak düşüncesiyle ticaretle de uğraşır, âlimleri, hadis talebelerini ve fakirleri himaye eder, her sene yüz bin dirhem dağıtırdı. Sultanların görevini kabul etmeyi ve onlara yakın olmayı zül telakki ederdi. Ona göre kişi, daima Allah'ın murakabesinde olduğunu hatırından çıkarmamalıdır. Yüz şeyden sakınıp bir şeyden sakınmayan kişi muttaki sayılmaz. Nuaym b. Hammâd'ın bildirdiğine göre, Kitâbü'z-Zühd'ü okurken öyle ağlardı ki yanına hiç kimse yaklaşamaz, o da hiçbir şeyin farkında olmazdı. Âlimler, zühd ve takvasını övecekleri bir kişiyi ona benzetirlerdi. Zühd ve takva ile ilgili söz ve hallerinden birçoğu kaynaklarda zikredilmektedir.

Cihadı:

Abdullah b. Mübârek, Mu'temer b. Süleyman, Abdullah b. Sinan da yanında olarak, beraberce savaşa çıkarlardı.

Rumlara karşı toplu gazaların olduğu bu zamanda, büyük yararlıklar gösterirdi. Son derece mütevazı olan İbnu'l-Mübârek, başarılarını gizlemeye dikkat ederdi. Savaş meydanında azılı kâfirleri öldürdüğü zaman yüzünü örterek tanınmamaya çalışırdı.

Bir defasında, birçok müslümanı şehid eden, karşısına kimsenin çıkamadığı bir savaşçıyı, bunun ardından da beş savaşçıyı öldürmüştü.

O, bu kahramanlıklarından dolayı kendisini tanımak isteyenlerden de kimliğini gizlemişti. Hatta Abdullah b. Sinan'a kendisini tanıyınca, "kimseye söylememesi için" yemin vermişti. Böyle bir cihaddan döndükten sonra, Fudayl b. İyaz'a, Mekke'ye yazdığı manzum bir mektupta, cihadın faziletlerini övmüş, orada ibadetle meşgul olmak için kalan arkadaşına, gazanın faziletini anlatan, Peygamberimizin (s.a.v) bir hadisini şahit olarak göstermiştir.

Ebu Hatimu'r-Râzi'den rivayet edilmiştir: İkisi de Anadolu'da bir savaş kafilesi içerisinde düşmanla karşılaşmışlardı. Düşmandan bir savaşçı, Müslümanlardan birçok kişiyi çarpışmaya çağırıp, arkası arkasına onları şehid etmişti.

Nihayet Müslümanlar, aralarından birinin çıktığını görmüşler. O, bu savaşçıyı bir müddet kovaladıktan sonra, yaralayarak öldürmüştü. Herkes bu müslüman kahramanın kim olduğunu öğrenmek için etrafını sarmıştı. Bu, Abdullah b. Mübârek'ti. Kolunun yeniyle yüzünü kapatarak gizlenmeye çalışıyordu.

Abdet b. Süleyman onun kolunu çekince kim olduğunu görmüştü. Abdullah b. Mübarek ona:

"Ey Ebu Amr! Sen bizim kusurumuzu yüzümüze vuranlardansın," diye üzüntüsünü belirtmişti. Çünkü ona göre, iyiliklerini göstermek bir kusurdu.

Sefer arkadaşı Muhammed b. Âyun şöyle der: "Sefer esnasında bir gece, Abdullah b. Mübarek yatmıştı. Ben ise mızrağıma dayanmış, oturuyordum. O benim uyuduğumu zannediyordu. Fecre kadar namaz kıldı. Beni, sabah namazına kaldırmaya geldi. Ona uyumadığımı söyleyince, kendisini görmemden hoşlanmadı. Sefer boyunca yüzü düzelmedi."

Son derece mütevazı olan İbnu'l-Mübârek, başarılarını gizlemeye dikkat ederdi. Savaş meydanında azılı kâfirleri öldürdüğü zaman yüzünü örterek tanınmamaya çalışırdı.

İbni Usâme şöyle der: "İbnu'l-Mübârek, hadisçiler arasında, insanların içindeki mü'minlerin emiri gibidir." Süfyan-ı Sevrî'nin de kendi kendine şöyle dediği rivayet edilir: "Bütün ömrümün, Abdullah b. Mübârek'in bir yılı gibi olmasını isterim. Ancak ne buna, ne de onun yaşadığı üç güne sahip olamam."

İbnü'l-Mübârek, aynı zamanda devrinin önde gelen şairlerinden biridir. Şiirleri daha ziyade zühde, cihada, din büyüklerinin methine dairdir. Fakat bunların önemli bir kısmının kaybolduğu anlaşılmaktadır. Mücâhid Mustafa Behçet tarafından derlenen şiirleri "Mecelletü'l-mahtûtâti'l Arabiyye"de yayımlanmıştır.

Eserleri:

1. Kitâbü'z-Zühd ve'r-Rekâik: Hz. Peygamber, ashap ve tabiînin ibadet, ihlâs, tevekkül, doğruluk, tevazu, kanaat gibi ahlâkî konulara dair sözlerini ihtiva eden eser, Habîbürrahman el-A'zamî tarafından neşredilmiştir (Malegon/Hindistan 1966, Beyrut, ts). Eserin son çevirisi tarafımızdan yapılıp, Yediveren/Armağan Kitaplar tarafından Türkçe'ye kazandırılmıştır (Konya, 2006).

2. Kitâbü'l-Cihâd: Cihadın fazileti, sevabı ve İslâm'daki önemine dair hadisleri ihtiva eden kitap, bu konuda yazılan ilk eserdir. İçinde 262 hadis bulunan tek nüshası (Leipzig, Stadtbibliothek, nr. 320/1, 40 vr.), Nezih Hammâd tarafından yayımlanmıştır (Beyrut 1391/1971). Türkçe'ye 1980 yılında kazandırılmıştır (Kitabu'l-Cihad, Terc: Muhammed Adil Teymur, Otağ Yay. İstanbul). Kitabın yeni çevirisi tarafımızdan, (Birikim Kitap, 2006) Türkçe'ye kazandırılmıştır.

3. el-Müsned: Hadisle ilgili olan bu eserin tek nüshası Zâhiriyye Kütüphanesi'ndedir (mecmua nr. 18/5, kısım 2, 3, 107a-124b).

4. Kitâbu'l-Birr ve's-Sıla: Bilinen tek nüshası Zâhiriyye Kütüphanesi'nde (nr 9) kayıtlıdır.

5. es-Sünen fi'l-Fıkh: Günümüze ulaşmayan bu eserin adından, hadisleri fıkıh bablarına göre tasnif eden bir eser olduğu anlaşılmaktadır.

6. Kitâbu't-Tefsîr: Kaynaklarda adı geçen bu eserin, devrin geleneği göz önünde tutularak bir rivayet tefsiri olduğu söylenebilir.

7. Kitâbu't-Târih: Hadis ricalinden bahseden biyografik bir eser olduğu tahmin edilen bu eser de günümüze ulaşmamıştır. Kaynaklarda Abdullah b. Mübârek'e atfedilen ve kırk hadis türünün ilk örneği olan el-Erba'ûn ile Kitâbü'l-İstizân ve Kitâbü'l-Menâsik adlı eserler de günümüze ulaşmamıştır. [1]

---

1 Kitâbu'z-Zühd ve'r-Rekâik, (thk. Habîburrahman el-A'zamî), Dâru'l-Kütübi'l-İlmiyye, Beyrut, 1998, s. 26-46 (özetlenerek); TDV, İslam Ansiklopedisi, "Abdullah b.Mübârek" md. Raşit Küçük, cilt: 1, s. 122-124; Kitabu'l-Cihad, (çev. M. Adil Teymur), 1980, Otağ Yay. İst.

MUTLULUK
YOLU

MUTLULUK YOLU
HADİSLER IŞIĞINDA AİLE İLİŞKİLERİ
KİTÂBU'L-BİRR VE'S-SILA

عَنْ عَوْنِ بْنِ عَبْدِ اللهِ اَنَّ رَجُلاً سَأَلَ ابْنَ مَسْعُودٍ أَيُّ الْأَعْمَالِ
أَفْضَلُ؟ فَقَالَ: سَأَلْتَنِي عَمَّا سَأَلْتُ رَسُولَ اللهِ ﷺ فَقَالَ: الصَّلَاةُ
لِوَقْتِهَا وَبِرُّ الْوَالِدَيْنِ وَالْجِهَادُ فِي سَبِيلِ اللهِ.

1. Avn b. Abdullah'dan (rah) rivayet edildiğine göre, adamın biri (Abdullah) İbn Mes'ûd'a (r.a),

"Hangi amel daha üstündür?" diye sordu. Bunun üzerine İbn Mes'ûd (r.a), "Benim Resûlullah'a (s.a.v) sorduğum soruyu sen de bana sordun. Resûlullah (s.a.v) şöyle cevaplamıştı: *'Vaktinde kılınan namaz, anne babaya iyilik ve Allah yolunda cihad'* " dedi.[2]

☙

---

2 Taberânî, *Mu'cemu'l-Kebîr,* (thk. Şeyh Hamdi es-Selefî), Matbaatu'l-Vatan el-Arabî ve Matbuatu'l-Ümmet, Bağdad, (9815); İmam Ali b. Ömer ed-Dârakutnî (v. 385), *Sünen-i Dârakutnî,* (tsh. Seyyid Abdullah Haşim el-Yemanî), 1386, Efrâd, 2/212.

عَنْ عَبْدِ اللهِ بنِ مَسْعُودٍ قَالَ سَأَلْتُ النَّبِيَّ أَىُّ الْأَ عْمَالِ أَفْضَلُ؟
قَالَ: الصَّلَاةُ لِمِيقَاتِهَا . قُلْتُ : ثُمَّ مَاذَا؟ قَالَ: بِرُّ الْوَالِدَيْنِ . قُلْتُ:
ثُمَّ مَاذَا؟ قَالَ: ثُمَّ الْجِهَادُ فِى سَبِيلِ اللهِ . قَالَ ثُمَّ سَكَتَ عَنْ
رَسُولِ اللهِ ﷺ وَلَوِ اسْتَزَدْتُهُ لَزَادَنِى.

2. Abdullah b. Mes'ûd (r.a) anlatıyor: "Resûlullâh'a
(s.a.v),

– Hangi amel daha üstündür (değerlidir)? diye sordum. Resûlullah (s.a.v),

– *Vaktinde kılınan namaz,* buyurdu. Ben,

– Sonra hangisi? diye sordum. Resûlullah (s.a.v),

– *Anne-babaya iyilik etmek (iyi davranmak),* buyurdu.

– Sonra hangisi? diye sordum.

– *Sonra Allah yolunda cihad,* buyurdu.

Sonra Resûlullah (s.a.v) benimle konuşmayı kesti. Eğer daha soracak olsaydım, daha fazlasını anlatmaya devam edecekti." [3]

ஒஜ

3 Ahmed b. Hanbel, *Müsned,* Mustafa el-Babî el-Halebî, Kahire, 1313, 1/451; İmam Muhammed b. İsmail b. İbrahim el-Ca'fî el-Buhârî, *Fethu'l-Bâri Şerhu Sahihi'l-Buhârî,* (Şerh: İbn Hacer el-Askalânî), Tab'atu's-Selefiyye, Kahire, Mevâkit, 2/9; Edeb, 10/400; Cihad ve's-Siyer, 6/3; Tevhid, 13/510; İmam Buhârî, *Edebu'l-Müfred,* Taşkent bas., 1390, 1; İmam Ebu'l-Huseyn Müslim b. El-Haccac en-Neysaburî, *Sahihu Müslim,* (thk. Muhammed Fuad Abdülbaki), Daru İhyai't-Turas el-Arabî, Beyrut, İman, 1/89-90; Muhammed b. İsa et-Tirmizî, *el-Camiu't-Tirmizî,* (thk. Ahmed Muhammed Şakir, Muhammed Fuad Abdülbaki, İbrahim Atve), Mektebetu'l-İslamiyye, Salât,

عَنْ أَبِي عَمْرِو اَلشَّيْبَانِيِّ سَمِعَهُ مِنْ عَبْدِ اللهِ بْنِ مَسْعُودٍ يَقُولُ:
سَأَلْتُ النَّبِيَّ ﷺ أَيُّ اْلأَعْمَالِ أَفْضَلُ؟ قَالَ: إِيمَانٌ بِاللهِ وَجِهَادٌ فِي
سَبِيلِ اللهِ. قُلْتُ: ثُمَّ أَيُّ؟ قَالَ: اَلصَّلاَةُ لِوَقْتِهَا. قُلْتُ: ثُمَّ أَيُّ؟
فَقَالَ: بِرُّ الْوَالِدَيْنِ. قُلْتُ: فَأَيُّ الْعَمَلِ أَشَرُّ؟ قَالَ: أَنْ تَجْعَلَ لِلهِ نِدًّا
وَقَدْ خَلَقَكَ. قُلْتُ: ثُمَّ أَيُّ؟ قَالَ: أَنْ تَقْتُلَ وَلَدَكَ مِنْ أَجْلِ أَنْ
يَأْكُلَ مَعَكَ. قُلْتُ: ثُمَّ أَيُّ؟ قَالَ: أَنْ تُزَانِيَ حَلِيلَةَ جَارِكَ. ثُمَّ قَرَأَ
رَسُولُ اللهِ (وَالَّذِينَ لاَ يَدْعُونَ مَعَ اللهِ إِلَهًا آخَرَ وَلاَ يَقْتُلُونَ
النَّفْسَ الَّتِي حَرَّمَ اللهُ إِلاَّ بِالْحَقِّ وَلاَ يَزْنُونَ)

3. Ebû Amr eş-Şeybânî (rah), Abdullah b. Mes'ûd'dan (r.a) şöyle dinlediğini rivayet etmiştir:

"Resûlullah'a (s.a.v),

– Hangi amel daha faziletlidir? diye sordum. Resûlullah (s.a.v),

– *Allah'a iman ve Allah yolunda cihad,* buyurdu. Ben,

– Sonra hangisi? diye sordum. Resûlullah (s.a.v),

– *Vaktinde kılınan namaz,* buyurdu.

– Sonra hangisi? diye sordum. Resûlullah (s.a.v),

– *Anne-babaya iyi davranmak,* buyurdu.

1/325; Ahmed b. Şuayb en-Nesâî, *Sünen-i Nesâî,* Matbaatu'l-Mey-mene, Mısır, 1312, Mevâkit, 1/292; İmam Ebu Muhammed Abdullah b. Muhammed b. Abdurrahman, *Sünen-i Dârimî,* Daru İhyai's-Sün-neti'n-Nebeviyye, Salât, 1/278; Ahmed b. Huseyn b. Ali el-Beyhakî, *es-Sünenu'l-Kübrâ,* Hindistan bas., 1352, Edeb, 1.

– Hangi amel daha kötüdür? diye sordum. Resûlullah (s.a.v),

– *Seni yarattığı(nı bildiğin) halde Allah'a eş koşmandır,* buyurdu.

– Sonra hangisi? diye sordum.

– *Seninle birlikte, kazandığını yiyeceği korkusundan (rızık endişesinden) dolayı çocuğunu öldürmendir,*[4] buyurdu.

– Sonra hangisi? diye sordum.

– *Komşunun hanımıyla zina etmendir,* buyurdu. Sonra Resûlullah (s.a.v), *«Ve onlar Allah ile beraber başka bir ilâha yalvarmazlar. Allah'ın haram ettiği canı haksız yere öldürmezler ve zinâ etmezler.»* (Furkân, 25/68) âyetini okudu." [5]

---

4   Cahiliyye döneminde çok sık görülen geçim korkusuyla çocukları öldürme olayı, İslam'ın gelişiyle yasaklanmıştır. Aşağıdaki ayetlerde geçtiği üzere, Allah (c.c) herkesin rızkını bizzat kendisi vereceğini vurgulamaktadır: *"Bir de geçim korkusuyla çocuklarınızı öldürmeyin, onlara da, size de rızkı biz veririz. Şüphesiz ki onları öldürmek, çok büyük bir suçtur."* (İsra, 17/31)
"De ki: Gelin Rabbinizin size neleri haram kıldığını okuyayım: «O'na hiçbir şeyi ortak koşmayın, Anne Babaya iyilik edin, fakirlik korkusuyla çocuklarınızı öldürmeyin -sizin de onların da rızkını biz veririz; kötülüklerin açığına da gizlisine de yaklaşmayın ve Allah'ın yasakladığı cana haksız yere kıymayın!» İşte bunlar Allah'ın size emrettikleridir. Umulur ki düşünüp anlarsınız...." (En'am, 6/151)

5   *Buhârî,* Edeb, 10/433; Tefsîr, 8/163, 492; Diyât, 12/187; Tevhîd, 13/491, 503; Hudud, 12/114; *Müslim,* İman, 1/90-91; Hafız Ebu Bekr Abdullah b. ez-Zübeyr el-Humeydî, *Müsned,* (thk. Şeyh Habiburrahman el-A'zamî), Mektebetu's-Selefiyye, Medine, 103; *Beyhâkî,* Sünen, 8/18; Muhammed b. Cerir et-Taberî, *Câmiu'l-Beyân an Te'vili Âyi'l-Kur'ân, (Tefsiru't-Taberî),* (thk. Ahmed Muhammed Şakir), Mısır, 1321, 19/26; Taberânî, *el-Kebîr,* 9811.

اَخْبَرَنَا بَهْزُ ابْنِ حَكِيمٍ عَنْ اَبِيهِ عَنْ جَدِّهِ قَالَ قُلْتُ : يَا رَسُولَ اللهِ مَنْ اَبَرُّ؟ قَالَ : اُمَّكَ. قُلْتُ : ثُمَّ مَنْ؟ قَالَ : اُمَّكَ : قَالَ : ثُمَّ مَنْ؟ قَالَ : اُمَّكَ. قُلْتُ : ثُمَّ مَنْ؟ قَالَ : ثُمَّ اَبَاكَ ثُمَّ اْلاَقْرَبَ فَاْلاَقْرَبَ.

4. Behz b. Hakîm (rah), babasından, o da dedesinden şöyle rivayet etmiştir: "Ben,

– Ey Allah'ın Rasûlü, kime iyi davranayım? diye sordum.

– *Annene (iyi davran)*, buyurdu. Ben,

– Sonra kime? diye sordum.

– *Annene (iyi davran)*, buyurdu.

– Sonra kime? diye sordum.

– *Annene (iyi davran)*, buyurdu.

– Sonra kime? diye sordum.

– *Sonra babana, sonra da derece derece yakınlarına (iyi davran)*, buyurdu." [6]

ﻭﺹ

5. Yezîd b. Ebî Habîb'in (rah) bildirdiğine göre, âlimler, "Annenin hakkı, babanın hakkından daha üstündür. (Bununla birlikte) her birinin hakkı vardır" derlerdi.

6 *Tirmizî*, Birr ve's-Sıla, 4/309; *Ahmed*, Müsned, 5/3, 5; Süleyman b. Eş'as es-Sicistânî, *Sünen-i Ebû Dâvûd,* (thk. Muhammed Muhyiddin Abdulhamid), Matbaatu's-Saade, Kahire, 1369, Edeb, 4/336; *Taberânî*, el-Kebîr, 957, 958, 959, 960, 961, 962, 963; İmam el-Hafız Ebu Abdullah el-Hâkim en-Neysâbûrî, *el-Müstedrek ale's-Sahihayn*, Mektebu'l-Matbuatu'l-İslamiyye, Halep, 4/150; Hafız Ebu Bekr Abdurrezzâk b. Hemmâm es-San'anî, *el-Musannef,* (thk. Şeyh Habiburrahman el-A'zamî), 1. baskı, 1390, Menşuratu'l-Meclisi'l-İlmi, 20121.

عَنْ اَبِي هُرَيْرَةَ قَالَ جَاءَ رَجُلٌ اِلَى النَّبِيِّ ﷺ فَقَالَ: مَا تَأْمُرُنِي؟ قَالَ:
بَرَّ اُمَّكَ. ثُمَّ عَادَ فَقَالَ: بَرَّ اُمَّكَ. ثُمَّ عَادَ فَقَالَ: بَرَّ اُمَّكَ. ثُمَّ عَادَ
فَقَالَ: بَرَّ اَبَاكَ.

6. Ebû Hüreyre (r.a) rivayet ediyor: "Adamın biri Resû-
lullah'a (s.a.v) gelip,

– Bana neyi yapmamı emredersin? diye sordu. Resû-
lullah (s.a.v),

– *Annene iyi davran,* buyurdu. Adam sorusunu tekrar-
ladı. Resulullah (s.a.v),

– *Annene iyi davran,* buyurdu. Adam yine aynı soruyu
sordu. Resulullah (s.a.v) yine,

– Annene *iyi davran,* dedi. Adam aynı soruyu bir daha
tekrarlayınca Resûl-i Ekrem (s.a.v),

– Babana *iyi davran,* buyurdu." [7]

عَنْ اَبِي الْمُتَوَكِّلِ النَّاجِي اَنَّ رَجُلاً اَتَى النَّبِيَّ ﷺ فَقَالَ: يَا رَسُولَ
اللهِ أَيُّ وَالِدِي اَعْظَمُ عَلَيَّ حَقًّا؟ قَالَ: كِلاَ هُمَا. ثُمَّ عَادَ فَقَالَ:
كِلاَهُمَا. ثُمَّ عَادَ فَقَالَ: يَا رَسُولَ اللهِ أَيُّ وَالِدِي اَعْظَمُ عَلَيَّ
حَقًّا؟ قَالَ: اُمَّكَ.

---

[7] *Buhârî,* Edebu'l-Müfred, 6; *Buhârî,* Edeb, 10/401; *Ahmed,* 2/402.
Âlimler, annenin babaya üstünlüğünün nedenini, annenin Kur'ân-ı
Kerîm'de belirtildiği üzere üç misli zahmet çektiğinden dolayı oldu-
ğunu ifade etmişlerdir: *"Biz insana, anne babasına karşı iyi davran-*
masını tavsiye etmişizdir. Zira annesi onu karnında, zorluğa uğraya-
rak taşımış, onu güçlükle doğurmuştur. Taşınması ve sütten kesil-
mesi otuz ay sürer..." (Ahkâf, 46/15).

7. Ebu'l-Mütevekkil en-Nâcî'den (r.a) rivayet edilmiştir: Bir adam Resûlullah'a (s.a.v) gelip,

– Ey Allah'ın Rasûlü, anne babamdan hangisinin üzerimdeki hakkı daha büyüktür? diye sordu. Resûlullah (s.a.v),

– *Her ikisinin de (hakkı büyüktür), buyurdu.* Adam sorusunu tekrarladı. Resûlullah (s.a.v)

– *Her ikisinin de (hakkı büyüktür),* Adam tekrar aynı soruyu sordu:

– Ey Allah'ın Rasûlü, anne babamdan hangisinin üzerimdeki hakkı daha büyüktür? Resûlullah (s.a.v),

– *Annenin hakkı daha büyüktür,* buyurdu."

✽

8. Hişâm b. Hassân el-Kardûsî'nin (rah) Hasan-ı Basrî'den (rah) rivayet ettiğine göre o, "Anne için, iyilik ve itaatin üçte ikisi, baba için ise üçte biri vardır." demiştir. [8]

✽

9. Süfyân Şeybânî'den (rah) rivayet etmiştir: "Şa'bî'ye (rah),

– Kendilerine iyi davranılması hususunda anne ve baba eşit midir? diye sordum.

– Bu hususta anne daha üstün ve daha hak sahibidir, dedi."

✽

---

[8] İmam Abdullah b. Muhammed b. Ebi Şeybe, *el-Kitâbu'l-Musannef fi'l-Ehâdis ve'l-Âsâr,* Daru's-Selefiyye, Hindistan, 8/352.

10. Hişâm'dan (rah) rivayet edildiğine göre, Hasan-ı Basrî'ye (rah), anne babaya iyiliğin ve onlara itaatsizliğin ne olduğu soruldu. Hasan (rah), "İyilik, sahip olduğun şeyi anne baban için sarfetmen, sana Allah'a isyan ve itaatsizliği emretmedikleri sürece emrettikleri şeyde onlara itaat etmendir. İtaatsizlik ise, onları terk etmen ve yoksun bırakmandır" dedi. [9]

❦

11. Hişâm b. Urve (rah), babasının, Allah Teâlâ'nın, *"Onları esirgeyerek alçak gönüllülükle üzerlerine kanat ger (onlara karşı alçak gönüllü ol)."* (İsrâ, 17/24) âyetinin manasını, "Onlar senden bir şey istediklerinde vermemezilk yapma!" şeklinde tefsir etmiştir.[10]

❦

12. Hişâm b. Urve (rah) anlatıyor "Babam bana,

– Allah'ın, *"Onları esirgeyerek alçak gönüllülükle üzerlerine kanat ger (onlara karşı alçak gönüllü ol)."* (İsrâ, 17/24) âyetindeki emrinin ne olduğunu biliyor musun? diye sordu ve şöyle devam etti:

– Bu emir, onlar senden bir şey istediklerinde vermemezlik yapmamandır! dedi.

❦

---

[9] *Abdurrezzâk,* el-Musannef, 9288; *İbni Ebi Şeybe,* Musannef, 8/353.

[10] *Buhârî,* Edebu'l-Müfred, 7; *Taberî,* Tefsir, 15/49; İbni Ebi'd-Dünya, *Mekârimu'l-Ahlâk,* (thk. Faruk Hammade), Daru'r-Reşad el-Hadise, Daru'l-Beyda, s. 165.

13. Ubeydullah ibnu'l-Velîd el-Vassâfî (rah), Atâ'nın (rah), bu âyetin tefsiri hakkında "Onlarla konuşurken elini kolunu kaldırarak konuşma" dediğini rivayet etmiştir.

14. Abdullah İbn Avn (rah) anlatıyor "Adamın biri, annesinin yanında bulunmakta olan Muhammed b. Sîrîn'in (rah) yanına geldi ve,

– Muhammed'in durumu nedir? Yoksa herhangi bir şikâyeti, rahatsızlığı mı var? diye sordu. Oradakiler,

– Hayır, bir rahatsızlığı yok ancak annesinin yanına geldiği zaman böyle oluyor, dediler.[11]

15. Umâre el-Ma'velî (rah) anlatıyor: "Hasan-ı Basrî'ye (rah), anne babaya iyiliğin ne olduğunu sordum.

– Sevgi ve fedakârlıktır dedi.

– İtaatsizlik nedir? dedim.

– Anne Babayı terk etmen ve yoksun bırakmandır, dedi. Sonra,

– Yazıklar olsun sana! Annenin yüzüne bakmanın ibadet olduğunu anlamadınsa, onlara nasıl iyi davranabilirsin, dedi."

---

11 Hafız Ebu Nuaym Ahmed b. Abdullah el-İsfehanî, *Hilyetu'l-Evliya,* Mektebetu's-Selefiyye, Medine, 2/273.

عَنْ اَبِي هُرَيْرَةَ قَالَ قَالَ رَجُلٌ: يَا رَسُولَ اللهِ! مَنْ اَحَقُّ النَّاسِ مِنِّي
بِحُسْنِ الصُّحْبَةِ ؟ قَالَ : اُمُّكَ . قُلْتُ : ثُمَّ مَنْ ؟ قَالَ: ثُمَّ اُمُّكَ .
فَقُلْتُ : ثُمَّ مَنْ ؟ قَالَ : اُمُّكَ ثَلَاثًا. قُلْتُ : ثُمَّ مَنْ ؟ قَالَ : ثُمَّ اَبَاكَ.

16. Ebû Hüreyre'den (r.a) rivayet ediliyor "Adamın biri Resûlullah'a (s.a.v) gelerek,

– Ey Allah'ın Resûlü, kendilerine iyi muamele etmeme ve haklarını korumama en lâyık insan kimdir? diye sordu. Resûlullah (s.a.v),

– *Annendir* buyurdu. Ben,

– Sonra kimdir? diye sordum.

– *Annendir,* buyurdu.

– Sonra kim? diye sordum. Üç defa, *"Annendir"* buyurdu.

– Sonra kim gelir? diye sorunca,

– *Sonra baban gelir,* buyurdu." [12]

و

17. Mansûr b. Abdurrahman'dan (rah) rivayet ediliyor, "Ömer b. Abdilazîz'in (rah) yanına bir adam ve oğlu, (aralarındaki çekişme yüzünden) davacı olarak geldiler. Adam ve oğlu, Ömer'in huzuruna geçip oturunca, Ömer,

– Bunun yerine başka kimse yok muydu? dedi. Bunun üzerine orada bulunan çocuğun amcası kalktı ve babasının yerine oturdu. Babasına vekâleten davaya girdi. Bu

---

[12] *Müslim,* Birr ve's-Sıla, 4/1974; *Ahmed,* 2/391, 2/327; Muhammed b. Yezid el-Kazvînî, *Sünen-i İbni Mâce,* Tab'atu Muhammed Fuad Abdulbâkî, Vasâya, 2/903; Edeb, 2/1207.

hâdiseyi nakleden ravilerden Hüseyin demiştir ki: "Ömer b. Abdülaziz'in dava için çocuğun babasından başkasını araması, babaya olan hürmetten dolayı idi."

◥◤

18. Humeyd'den (rah) rivayet edildiğine göre, Hasan-ı Basrî (rah) şöyle dedi: "Kişi, sultanın yanında babasıyla yan yana (çok rahat bir şekilde) oturmaya başlayınca, akraba arasındaki yabancılaşmanın (ve büyüklere gösterilmesi gereken saygının) kesilmesinde had safhaya ulaşıldı."

◥◤

19. Mu'temir b. Süleymân (rah), babasından rivayet ettiğine göre, Muverrik (rah), anasının başındaki bitleri ayıklardı.[13]

◥◤

20. İbn Cüreyc (rah), Atâ'nın (rah) şöyle dediğini rivayet etti: "Kişi, babasından daha fakîh (bilgili) olsa dahi, ona imam olmaz." [14]

◥◤

---

[13] İbni Sa'd Ebu Abdullah Muhammed b. Muni' el-Basrî, *et-Tabakâtu'l-Kübrâ*, (thk. Dr. İhsan Abbas), Daru Beyrut li't-Tıbaa ve'n-Neşr, Beyrut, 7/215.

[14] Abdurrezzâk, *el-Musannef*, 2/397.
"Cemaat arasında imamet'e en lâyık olanı, namaz caiz olacak kadar kıraati güzel olduktan sonra, sıhhat ve fesad yönünden namazın hükümlerini en iyi bilen kimsedir. Zira bu hususta ilme ihtiyaç daha fazladır. İlimde eşit olurlarsa; imamete en lâyık olanı, kıraat yönünden ve kıraati de tecvid noktasından daha güzel olandır. Eğer kıraat ve tecvidde de eşit olurlarsa, imamete en lâyık olanı takva sahibi olandır..." (Molla Hüsrev, Dureru'l-Hukkâm fi Şerhi Gureri'l-Ahkâm, İst., 1307, c. 1, s. 85)

21. Muaviye b. İshak'dan (rah) rivayet edildiğine göre, Urve (rah), "Anne babasına kötü davranan iyi biri değildir." dedi. Abdullah (rah) bu kötülüğü, "Kişinin anne babasına göz ucuyla dahi bakması" olarak yorumlarken Abdurrahman (rah) ise, "Onlara gözlerini dikerek bakmak" olarak yorumlamıştır. [15]

۵؏

22. Bize, Hüseyin el-Mervezî'den (rah), ona el-Müemmel'den (rah) ona da Süfyân'dan (rah) aynı senetle gelen, bu manada başka bir rivayet daha bulunmaktadır.

۵؏

23. Hişâm'dan (rah) rivayet edildiğine göre, Hasan-ı Basrî'ye (rah), Anne Babası olan bir adamın ticaret için (uzaklara) gidip gidemeyeceği soruldu. Hasan (rah), "Eğer Anne Babası ona muhtaç iseler, ticaret için (uzaklara) gitmemelidir" dedi.

۵؏

Burada, Atâ'nın (rah) söylediği rivayet edilen sözden kastedilen, -Allah en iyisini bilir- kişinin, babasına saygı mahiyetinde ona imam olmamasıdır. Çünkü hadislerde belirtildiğine göre, birbirlerine karşı herhangi bir üstünlüğü bulunmayan iki kişinin imamete en lâyık olanı, en yaşlı olan kimsedir. Rasûlullah (s.a.v), Ebu Müleyke'nin (r.a) iki oğluna hitaben: "Size, sizin yaşça daha büyük olanınız imamlık etsin," buyurmuştur. (İbni Hümam, Fethu'l-Kadir, Beyrut, 1315, Daru's-Sadr, c. 1, s. 247.) Buna göre, kişinin hem babasına saygısı hem de arkasında namaz kılacak cemaati azaltmaması için, edeben babasına imam olması hoş görülmemiştir. Ancak, Kur'an, ilim, tecvid ve takva olarak üstünlüğü açık olan kimselerin her halükârda imam olmalarında herhangi bir beis yoktur.

[15] İbni Ebi Şeybe, 8/355; Ali b. Ebi Bekr el-Heysemî, el-Mecma'u'z-Zevâid ve Menba'u'l-Fevâid, Daru'l-Küttâb, Beyrut, 1967, 7/47.

24. Abdurrahman b. Muhammed b. Abdulkâri'den (rah) rivayet edilmiştir: "Ben babamın yanında yürürken, Ömer b. Abdulaziz (rah) beni gördü ve, "Babanın yanında yürüme! Arkasında yürümen gerekir" dedi. Ben, "Onun eline destek oluyorum" dedim. "Tamam o hâlde" dedi.[16]

🌿

25. Said b. Cübeyr (rah), Aziz ve Yüce olan Allah'ın, *"Rabbiniz sizin kalplerinizdekini çok iyi bilir. Eğer siz iyi olursanız..."* (İsrâ 17/25) âyeti hakkında şöyle dedi: "Evlatlardan anne babaya yönelik bazı yanlış davranışlar olabilir." Aziz ve Yüce olan Allah, *"Eğer siz iyi olursanız..."* buyuruyor. Yani niyetiniz doğru olursa, *"O, tevbe edenleri bağışlayandır."* (İsrâ 17/25) buyurmaktadır. Yani, evlâtlardan meydana gelen yanlış davranışları bağışlayandır." [17]

🌿

26. Said b. el-Müseyyeb (r.a), Aziz ve Yüce olan Allah'ın, *"...O, (evvâbîn) tevbe edenleri bağışlayandır."* (İsrâ 17/25) âyetindeki "evvâbîn=tevbe edenleri" şöyle açıklamıştır: O kimseler ki, günahlarından ötürü pişman olurlar. Sonra tekrar günaha düşerler ve ancak yine pişman olurlar. Sonra tekrar günaha düşerler fakat ardından samimî tövbe ederler." [18]

🌿

---

16 Abdurrezzâk, *el-Musannef,* 11/138; Heysemî, 8/137, 148.
17 İbni Cerîr, *et-Tefsir,* 15/50.
18 İbni Cerîr, *et-Tefsir,* 15/51.

27. Ebu Bişr (rah), Said b. Cübeyr'in (rah) âyetteki "evvâbîn" kelimesi hakkında şöyle dediğini rivayet etmiştir: "Onlar tövbeye dönenler, yönelenlerdir." [19]

28. Avvâm b. Havşeb (rah), Mücahid'in (rah) kendisine şöyle dediğini rivayet etmiştir: "Evlât, kendisine elini kaldıran babasına karşı müdahelede bulunmamalı, dilediğini yapması için onu bırakmalıdır."

29. Zührî'den (rah) rivayet edildiğine göre o şöyle anlatmıştır: "Bize ulaştığına göre Ebû Hüreyre'nin (r.a), annesine olan hizmetinden ayrılamadığı için annesinin vefatına kadar haccetmemiştir." [20]

30. Davud b. Kays (rah) bir adamın kendisine şöyle anlattığını rivayet etmiştir: "Ebû Hüreyre (r.a) evine dönüp elbiselerini giydiği zaman annesinin karşısınıa geçer ve,

"Allah'ın selâmı, rahmeti ve bereketi üzerinize olsun anneciğim! Beni küçükken terbiye edip baktığın gibi, Allah da seni hayırlarla mükafatlandırsın." derdi. Bunun üzerine annesi de ona,

"Allah'ın selâmı, rahmeti ve bereketi senin de üzerine olsun; oğlum! Yaşlandığımda bana baktığın gibi, Allah da seni hayırlarla mükafatlandırsın" derdi. Ebû Hüreyre (r.a) evden çıkıp tekrar döndüğünde aynı sözleri söylerdi." [21]

---

19 İbni Cerîr, *et-Tefsir*, 15/52.

20 İbni Ebi'd-Dünya, *Mekârimu'l-Ahlâk*, s. 164.

21 Buhârî, *Edebu'l-Müfred*, 12, 14; İbni Ebi'd-Dünya, *Mekârimu'l-Ahlâk*, s. 168.

﹀

31. İbn Mes'ud (r.a) anlatıyor: "İbn Abbas'a (r.a),

– Ben, gerçekten cihad etmek isteyen biriyim. Kavmimde, anne babamdan ve benden başka cihada katılmamış, ya da cihad için başka yerlere gitmemiş kimse yok. Oysa anne babam benim bu niyetime hoş bakmadılar, dedim. Bunun üzerine İbn Abbas,

– "Allah anne babasına iyilik ederek sabahlayan kişiye, cennet kapılarından iki kapı açar. Anne-babasına iyilik ederek akşamlayan kişiye de, cennet kapılarından iki kapı açar. Eğer anne babasından biri hayatta olup, ona iyilik ederek sabahlarsa, Allah; kendisine cennet kapılarından bir kapı açar. iyilik ederek akşamlayan kişiye de cennet kapılarından bir kapı açar. Anne-babasından hiçbiri ona öfkelenmezse, Aziz ve Celil olan Allah; anne baba razı olduğu sürece ondan razı olur" dedi. Ben, "Eğer çocuk zalim olsa (ne olur)?" diye sordum. İbn Abbas, "Zalim de olsa (Allah ondan razı olur)" diye cevap verdi.[22]

﹀

32. Ka'bu'l-Ahbar'dan (r.a) rivayet edilmiştir: Lokman (a.s); oğluna, *"Ey oğlum! Kim anne babasını razı ederse, şüphesiz Rahman olan (Allah)'ı razı etmiş demektir. Kim de onları öfkelendirirse, şüphesiz Rahman olan (Allah)'ı öfkelendirmiş olur. Ey oğlum, anne baba (rızasını almak) cennetin kapılarından bir kapıdır. Eğer onlar razı olursa,*

---

22 Buhârî, *Edebu'l-Müfred,* 7; Abdurrezzâk, *el-Musannef,* 11/135.

yüce olan Allah'ın (cennetine) girersin. Eğer onlar öfke du-
yarlarsa, Allah'ın azabından kaçamazsın." [23]

❦

عَنْ أَبِي هُرَيْرَةَ قَالَ قَالَ رَسُولُ اللَّهِ ﷺ: لاَ يَجْزِي وَلَدٌ وَالِدَهُ إِلاَّ أَنْ
يَجِدَهُ مَمْلُوكًا فَيَعْتِقَهُ.

33. Ebû Hüreyre'den (r.a) rivayet edildiğine göre, Re-
sûlullah (s.a.v) şöyle buyurdu: *"Hiçbir evlat, babasının*
hakkını, onu köle olarak bulup, (satın alıp) âzâd etmedikçe
ödeyemez." [24]

❦

34. Münzir es-Sevrî'den (rah) rivayet edildiğine göre,
Muhammed b. el-Hanefiyye (rah), annesinin saçını tarar ve
ona suyunu içirirdi.

❦

35. Şa'bî (rah), (Abdullah) b. Mes'ud'un (r.a) şöyle de-
diğini rivayet etti: "En üstün amel, vaktinde kılınan namaz,
anne babaya iyilik ve Allah yolunda cihaddır." [25]

❦

---

23 Benzer bir şekilde Abdullah b. Amr b. el-Âs'tan (r.a) şöyle rivayet
edilmiştir: "Rasûlullah (s.a.v) şöyle buyurdu: "Allah'ın rızası babanın
rızasından geçer. Allah'ın memnuniyetsizliği de babanın memnuni-
yetsizliğinden geçer." Tirmizî, Birr 3 (1900) (çev.)

24 Müslim, İtk, 2/1148; Buhârî, *Edebu'l-Müfred,* 7; Tirmizî, Birr, 4/315;
Ebû Dâvûd, Edeb, 2/335; Ahmed, 2/230, 2/376, 2/445.

25 Ahmed, 1/418, 421, 444, 448; Taberânî, *el-Kebîr,* 9816, 9817, 9821,
9822.

عَنْ اَبِى عَمْرٍو الشَّيْبَانِيِّ عَنْ رَجُلٍ مِنْ اَصْحَابِ النَّبِيِّ ﷺ
اَنَّ النَّبِيَّ ﷺ سُئِلَ اَيُّ اْلاَعْمَالِ اَفْضَلُ؟ فَقَالَ : الصَّلاَةُ لِوَقْتِهَا
وَبِرُّ الْوَالِدَيْنِ وَالْجِهَادُ فِي سَبِيلِ اللهِ.

36. Ebu Amr eş-Şeybânî, Resûlullah'ın (s.a.v) sahabe-lerinden birinden rivayet ettiğine göre, Resûlullah'a (s.a.v), hangi amelin daha üstün olduğu soruldu. Bunun üzerine Resûlullah (s.a.v), "Vaktinde kılınan namaz, anne babaya iyilik ve Allah yolunda cihad" buyurdu.[26]

❦

37. Ebu Berde (rah), babasından şöyle rivayet etmiş-tir: (Abdullah) İbn Ömer (r.a), Kâ'be'yi tavaf ederken, (sır-tında) annesini taşıyarak tavaf eden bir adamın şöyle de-diğini işitti:

Ben annemin huysuzluk yapmayan binitiyim,

Diğer binitler korkup kaçarlarken ben asla kaçmam,

Ne var ki, onun beni karnında taşıması ve emzirmesi,

Elbette benim şu taşımamdan daha zor idi,

Lebbeyk Allâhümme Lebbeyk.

Ardından,

– Beni görüyor musun ey İbn Ömer! Anneme olan hakkımı ödedim mi? dedi. İbn Ömer (r.a),

---

26 Ahmed, 5/368; İmam Ali b. Ömer ed-Dârakutnî, *Sünen-i Dârakutnî*, (tsh. Seyyid Abdullah Haşim el-Yemanî), 1386, 1/246; Hâkim, *el-Müstedrek*, 1/189.

– Hayır, tek bir iniltisinin karşılığını dahi vermedin, dedi. Sonra İbn Ömer (r.a) tavaf etti, ardından Makam-ı İbrahim'in arkasından iki rek'at namaz kıldı ve şöyle dedi:

– Dikkat edin, şüphesiz (kılınan) her iki rekâtlık (nafile) namazlar, birbirleri arasındaki veya kendilerinden önceki günahları yok eder (veya buna benzer bir şey söyledi)." [27]

🌺

38. Hasan-ı Basrî'den (rah) rivayet edildiğine göre, Abdullah İbn Ömer (r.a), sırtında annesini taşıyarak Kâ'be'yi tavaf eden bir adam gördü. Adam,

– Anneciğim! Hakkını ödediğimi görüyor musun? diyordu. Bunun üzerine İbn Ömer (r.a),

– Ey Ahmak! Hayır, vallahi bir tek doğum sancısının bile hakkını vermedin, dedi.[28]

🌺

عَنْ عَمْرَةَ بِنْتِ عَبْدِ الرَّحْمٰنِ اَنَّ النَّبِيَّ ﷺ قَالَ بَيْنَا اَنَا نَائِمٌ اِذْ رَاَيْتُنِي فِي الْجَنَّةِ فَسَمِعْتُ قَارِئًا فَقُلْتُ مَنْ هٰذَا؟ فَقَالُوا: حَارِثَةُ بْنُ النُّعْمَانِ كَذٰلِكُمُ الْبِرُّ كَذٰلِكُمُ الْبِرُّ وَكَانَ مَنْ اَبَرَّ النَّاسِ بِاُمِّهِ.

39. Amra b. Abdurrahman'dan (r.a) rivayet edildiğine göre, Resûlullah (s.a.v) şöyle buyurdu: *"Ben uyurken, kendimi cennette gördüm. Kur'ân okuyan birini işittim. «Kim bu?» diye sordum. «Hârise b. Nu'mân» dediler. Ardından Resûlullah (s.a.v), «İşte iyilik budur, işte iyilik budur»* dedi.

---

27 Buhârî, *Edebu'l-Müfred*, 11; İbni Ebi'd-Dünya, *Mekârimu'l-Ahlâk*, s. 75.
28 İbni Ebi'd-Dünya, *Mekârimu'l-Ahlâk*, s. 178.

Nu'man, insanlar arasında annesine en iyi davranan kimseydi.[29]

❧

40. Süfyân (rah), Zühri'den (rah), o da Amra'dan (r.a), Resûlullah'ın (s.a.v) hadisini benzer şekilde rivayet etti.[30]

❧

عَنْ مَوْرَقِ الْعَجْلِي قَالَ قَالَ رَسُولُ اللهِ ﷺ: هَلْ تَعْلَمُونَ نَفَقَةً أَفْضَلُ مِنْ نَفَقَةٍ فِي سَبِيلِ اللهِ؟ قَالُوا: اللهُ وَرَسُولُهُ أَعْلَمُ. قَالَ: نَفَقَةُ الْوَلَدِ عَلَى الْوَالِدَيْنِ.

41. Mevrak el-Aclî'den (r.a) rivayet edilmiştir: Resûlullah (s.a.v),

– *Allah yolunda harcanan bağıştan daha üstün olan bağışı bilir misiniz?* buyurdu. Sahabeler,

– Allah ve Rasûlü daha iyi bilir, dediler. Resûlullah (s.a.v),

– *Evlâdın, anne babasına olan harcamasıdır,* buyurdu.

Heysem (rah), bu hadise ilâveten şöyle rivayette bulundu: Anne-babanın çocuğuna hayır dua da bulunması, aslı ve nesli koruyup devam ettirir. Anne-babanın bedduada bulunması ise aslı (kişiyi) helâk eder.

❧

42. Ca'fer b. Berkân'dan (r.a) rivayet edilmiştir: "Şüphesiz her babanın, evladı üzerinde, her gün için kabul edi-

---

29 Ahmed, 6/151, 167; Abdurrezzâk, *Musannef*, 11/132; Hâkim, *Müstedrek,* 4/151.

30 Humeydî, *Müsned*, 1/136; İbni Ebi'd-Dünya, *Mekârimu'l-Ahlâk*, s. 166.

len bir duası vardır. O halde, eğer güç yetirebiliyorsan, (beddua alıp) helâk olanlardan olma."

❧

43. Kaysî (rah) anlatıyor: "Ebû Hüreyre'ye (r.a) geldim ve,

– Ey Ebû Hüreyre! Şüphesiz Allah cihadı üstün kılmıştır. Ben cihada gitmek üzere devemi yola çıkarmak için her hazırladığımda, anne babam geliyor ve yükümü indiriyor. (Ne yapayım?)" dedim. Ebû Hüreyre (r.a),

– Onlar senin cennetindir. Onlara iyi davran, dedi ve bu sözünü üç defa tekrarladı.

❧

44. Mücahid (rah), "Anne-babanın duası, Aziz ve Yüce olan Allah'ın katından geri çevrilmez" demiştir.

❧

45. Zeyd'den (rah) anlatıyor: "Hasan-ı Basrî'ye (rah),

– Anne-babanın, evlâdına olan duası nedir? diye sordum.

– Kurtuluşu için dua etmeledir, dedi. Ben,

– Peki ya aleyhine yaparlarsa? diye sordum.

– Helâk olması için beddua etmeleridir, dedi.

❧

عَنْ اَبِي هُرَيْرَةَ قَالَ قَالَ رَسُولُ اللهِ ﷺ : ثَلَاثُ دَعَوَاتٍ مُسْتَجَابَاتٌ لاَ شَكَّ فِيهِنَّ دَعْوَةُ الْمَظْلُومِ وَدَعْوَةُ الْمُسَافِرِ وَدَعْوَةُ الْوَالِدِ عَلَى وَلَدِهِ.

46. Ebû Hüreyre'den (r.a) rivayet edildiğine göre Resûlullah (s.a.v) şöyle buyurmuştur: *"Allah'ın kabul ettiği üç dua vardır, bunlarda şüphe yoktur: Mazlumun duası, misafirin duası ve anne babanın evlâdına duası."* [31]

﷽

عَنْ سَعِيدِ بْنِ الْمُسَيَّبِ قَالَ: صَعِدَ رَسُولُ اللهِ ﷺ ذَاتَ يَوْمٍ الْمِنْبَرَ
فَلَمَّا وَضَعَ رِجْلَهُ عَلَى الدَّرَجَةِ قَالَ: أَمِينْ. ثُمَّ وَضَعَ رِجْلَهُ عَلَى
الثَّانِيَةِ فَقَالَ: أَمِينْ. ثُمَّ وَضَعَ رِجْلَهُ عَلَى الثَّالِثَةِ فَقَالَ: أَمِينْ. فَلَمَّا
فَرَغَ مِنْ خُطْبَتِهِ وَنَزَلَ ذُكِرُوا ذٰلِكَ لَهُ فَقَالَ: إِنَّ جِبْرِيلَ
اسْتَقْبَلَنِي حِينَ وَضَعْتُ رِجْلِي عَلَى الدَّرَجَةِ اْلأُولَى فَقَالَ: مَنْ
أَدْرَكَ أَبَوَيْهِ أَوْ أَحَدَهُمَا فَلَمْ يُغْفَرْ لَهُ فَأَبْعَدَهُ اللهُ قُلْ أَمِينْ. فَقُلْتُ
أَمِينْ. فَلَمَّا صَعِدْتُ إِلَى الثَّانِيَةِ قَالَ مَنْ أَدْرَكَ شَهْرَ رَمَضَانَ فَلَمْ
يُغْفَرْ لَهُ فَأَبْعَدَهُ اللهُ قُلْ أَمِينْ. فَقُلْتُ أَمِينْ. فَلَمَّا صَعِدْتُ إِلَى
الثَّالِثَةِ قَالَ وَمَنْ ذُكِرْتَ عِنْدَهُ فَلَمْ يُصَلِّ عَلَيْكَ فَأَبْعَدَهُ اللهُ قُلْ
أَمِينْ. فَقُلْتُ أَمِينْ.

47. Said b. el-Müseyyeb'den (r.a) rivayet edilmiştir: Dedi ki: "Resûlullah (s.a.v) bir gün minbere çıktı. Ayağını ilk basamağa koydu ve, «Âmin» dedi. Sonra ayağını ikinci basamağa koydu, «Âmin» dedi. Sonra ayağını üçüncü basamağa koydu ve yine, «Âmin» dedi. Hutbesini bitirip indi-

---

31 Tirmizî, Birr ve's-Sıla, 4/314 (1905); Ebû Dâvûd, Salât, 2/87 (1536); Taberânî, Dua, 1314; İbni Mâce, Dua, 2/870 (3862); Ahmed, 2/246, 258, 478, 425; Buhârî, *Edebu'l-Müfred,* 32; İbni Ebi Şeybe, *Musannef,* 10/429.

ğinde, kendisine böyle yapmasının nedeni sorulduğunda şöyle anlattı:

"Şüphesiz ayağımı ilk basamağa koyduğumda, beni Cebrail karşıladı ve, «Kim anne babasına veya onlardan birine (hayatlarında) ulaşır da günahları bağışlanmazsa Allah onu hayırdan uzaklaştırsın! 'Âmin' de» dedi. Ben de, 'Âmin,' dedim. İkinci basamağa çıktığımda,

«Kim Ramazan ayına ulaşır da o ayda günahları bağışlanmazsa, Allah onu hayırdan uzaklaştırsın! 'Âmin' de» dedi. Ben de, 'Âmin,' dedim. Üçüncü basamağa çıktığımda,

«Sen birisinin yanında anıldığında, sana salât-ü selamda bulunmazsa, Allah onu hayırdan uzaklaştırsın. 'Âmin' de» dedi. Ben de, 'Âmin' dedim' buyurdu.

ﻭﺵ

48. Yahya b. Ubeydullah el-Medenî (rah), babasından rivayet ettiğine göre o, Ebû Hüreyre'nin (r.a), Resûlullah'tan (s.a.v) benzer şekilde rivayet ettiğini işittim, demiştir. [32]

ﻭﺵ

عَنِ الْحَسَنِ بْنِ مُسْلِمٍ عَنْ مُجَاهِدٍ يَرْفَعُهُ إِلَى النَّبِيِّ ﷺ قَالَ: كُلُّ
شَيْءٍ بَيْنَهُ وَبَيْنَ اللهِ عَزَّ وَجَلَّ حِجَابٌ إِلاَّ شَهَادَةُ اَنْ لاَ اِلٰهَ اِلاَّ اللهُ
وَدَعْوَةُ الْوَالِدِ.

49. Hasan b. Müslim'in (rah) Mücahid'den (rah) onun da Resûlullah'a (s.a.v) isnad ettiği bir hadis-i şerifte şöyle

---

32 Müslim, Birr ve's-Sıla, 4/1978 (2551); Ahmed, *Müsned,* 2/254, 346, 4/271; Tirmizî, Daavat, 3468.

buyrulmuştur: *"Kelime-i şehâdet ve anne babanın duası hariç her şeyle, Âziz ve Yüce olan Allah arasında bir perde vardır."* [33]

❧

50. Osmân b. Esved (rah) Mücâhid'in (rah) şöyle dediğini rivayet etmiştir: "Anne-babanın duası ile Allah Teâlâ arasında bir perde olmaz (kabul edilir)."

❧

عَنْ عَبْدِ اللهِ بْنِ عَمْرِو بْنِ الْعَاصِ قَالَ جَاءَ رَجُلٌ إِلَى النَّبِيِّ ﷺ يَسْتَأْذِنُهُ فِي الْجِهَادِ فَقَالَ: اَحَيٌّ وَالِدَاكَ؟ وَقَالَ مُحَمَّدٌ: اَلَكَ وَالِدَانِ؟ قَالَ: نَعَمْ. قَالَ: فَفِيهِمَا فَجَاهِدْ.

51. Abdullah b. Amr b. el-Âs'dan (r.a) rivayet edilmiştir: "Bir adam, cihada katılma konusunda izin istemek için Resûlullah'a (s.a.v) geldi. Resûlullah (s.a.v),

– *Anne-baban sağ mı?* buyurdu.

(Râvilerden Muhammed, "Anne-baban var mı?" diye rivayet etti.)

Adam,

– Evet, deyince, Resûlullah (s.a.v),

– *Onlar(ı razı etmek) için çalış,* buyurdu.[34]

❧

33 Tirmizî, Daavat, 4/536 (3518).

34 Buhârî, Edeb, 10/403; Cihad, 6/140; Müslim, Birr ve's-Sıla, 4/1975 (2549); Ebû Dâvûd, Cihad, 3/17 (2528); Tirmizî, Cihad, 4/191 (1671); Ahmed, 2/165, 188, 193; Buhârî, *Edebu'l-Müfred*, 20; Abdurrezzâk, *Musannef*, 5/175 (9284).

عَنِ الزُّهْرِي قَالَ جَاءَ رَجُلٌ إِلَى النَّبِيِّ ﷺ يَسْتَأْذِنُهُ فِي الْجِهَادِ
فَقَالَ: هَلْ لَكَ وَالِدَانِ أَوْ قَالَ: هَلْ لَكَ حَوْبَةٌ ؟ قَالَ: نَعَمْ. قَالَ:
فَانْطَلِقْ فَبِرَّهِمَا. فَأَقْبَلَ يَتَخَلَّلُ الرِّكَابَ.

52. Zührî'den (rah) rivayet edildiğine göre, şöyle dedi: "Bir adam, Nebi'ye (s.a.v) gelip, cihad için ondan izin istedi. Resûlullah (s.a.v),

– Anne-*baban var mı? (veya onlara karşı bir kötülüğün oldu mu?)* diye sordu. Adam,

– Evet, dedi. Resûlullah (s.a.v),

– *Git, onlara iyilik ve ihsanda bulun,* buyurdu. Bunun üzerine adam bineğine atlayıp gitti.[35]

❧

53. Hizâm b. Mihrân'dan (rah) rivayet edildiğine göre, Hasan-ı Basrî'nin (rah) şöyle dediğini işitmiştir: "Sizden (çok) önce ibadet eden bir adam vardı. Namazgahında namaz kılarken annesi geldi ve ona seslenmeye başladı. Adam, annesinin kendisini çağırdığını duymuştu. Annesi,

– Ey Cürî[36], Ey Cürî!, diyerek tekrar kendisini çağırdı. Adam içinden,

---

[35] Ahmed, *Müsned,* 2/197.

[36] Hadisin meşhur olarak bilinen Ebu Hureyre (r.a) rivayetinde, bu kimsenin Cüreyc adında bir rahip olduğu, kavminin, onun ibadetleri hakkında konuştukları esnada zinakâr bir kadının onu fitneye düşürebileceğini iddia ettiği ve bunu gerçekleştirebilmek için iftirada bulunduktan sonra bunu dönemin hükümdarına şikâyet ettiği ifade edilmektedir. (Diğer rivayetler için bkz. Buhârî, Enbiyâ, 60; Müslim, Birr, 7, 8 (2550). (çev.)

– Namaza mı (devam edeyim) yoksa anneme mi (cevap vereyim)? dedi. Namazını, annesi için yarıda kesmeyi istemedi. Oğlundan cevap alamayan annesi öfkelendi ve ona bedduada bulundu:

– Allahım! Cürî zinakârların makamını geçmeyinceye kadar ruhunu alma! dedi.

(Cüreyc, kendisine ait bir manastırda inzivaya çekilip ibadet eden bir rahip idi. Manastırının aşağı kısmında bulunan) otlaklıklarda koyun otlatan bir çoban vardı. Bu çoban, akşam olduğunda bir mağaraya girer, orada kalırdı. (Köy halkından bir kadın da, bu çobana gelirdi. Bir süre sonra) Çoban bu kadınla zina yaptı. Kadının doğumu yaklaştığında (ve bebeği fark edildiğinde),

– Bu çocuk kimden? diye soruldu. Kadın,

– Cürî'den, dedi. (Kadının akrabaları kadın ve çocuğuyla birlikte) Cürî'ye geldiler. Cürî,

– Ne istiyorsunuz? dedi. Onlar,

– Konumuz sensin, ihtiyacımız sensin, isteğimiz de sensin, dediler. Cürî,

– Bu çocuk kimden? diye sordu. Kadın:

– Senden, dedi. Cürî, "

– Benden mi!" diyerek itiraz etti. Kadın,

– Evet, dedi (iftirasında ısrar etti).

Oradakiler, Cürî'yi hapsetmek için götürmek istediler. Cürî,

– Allah aşkına! Rabbime dua ettiğim ve ondan istediğim gecelere bakın! Sayısını ancak Allah'ın bildiği (yalnız geçirdiğim) gecelere bakın. (iftiraya uğradığımı anlayın) Allah, o kadının nasıl biri olduğunu size gösterecek.

Cürî'ye rüyada şunu yapmasını söylediler:

"Yarın insanlar bir araya gelip (iftirada bulunduklarında), kadının karnındaki bebeği sorguya çek. O'na, 'ey bebek!' Sen kimsin; senin baban kim? diye sor. O, babasının koyun otlatan çoban olduğunu söyleyecektir.

İnsanlar toplandı, Cürî'yi kastederek, kadının karnındakine iftirada bulundular. Bunun üzerine Cürî:

– Ey bebek, konuş benimle! Sen kimsin ve baban kim? dedi. Bebek,

– Babam, koyun çobanıdır, dedi.

Hasan dedi ki: "Bana, İsa b. Meryem ve Cüri'nin çocuğu dışında hiçbir bebeğin, annesinin karnında konuşmadığı anlatıldı." [37]

◆

54. Hizâm b. Mihrân'dan (rah) rivayet edilmiştir: Bir adamın, Hasan-ı Basrî'ye (rah),

– Ey Ebû Said! Anne-babanın çocuğu lehine yaptığı dua hakkında ne dersin? diye sordu. Hasan-ı Basrî (rah), yerden bir şeyi kaldırır gibi eliyle göstererek,

– Kurtuluştur! dedi. Adam,

– Çocuğunun aleyhine yaptıkları dualar hakkında ne dersin? diye sordu. Hasan-ı Basrî (rah), yere bir şey indirir gibi eliyle göstererek,

---

[37] Buhârî, Enbiya, 6/476; Müslim, Birr ve's-Sıla, 4/1976 (2550); Ahmed, 2/307; Buhârî, *Edebu'l-Müfred,* 33; Abdurrezzâk, *Musannef,* 10/135.

– Helâktır! dedi.

✿

عَنْ اَبِي هُرَيْرَةَ قَالَ قَالَ رَسُولُ اللهِ ﷺ : ثَلَاثُ دَعَوَاتٍ مُسْتَجَابَاتٌ لَا شَكَّ فِي ذَلِكَ دَعْوَةُ الْوَالِدِ عَلَى وَلَدِهِ وَدَعْوَةُ اْلإِمَامِ الْعَادِلِ وَدَعْوَةُ الْمُسَافِرِ.

55. Ebû Hüreyre'den (r.a) rivayet edildiğine göre Resûlullah (s.a.v) şöyle buyurmuştur: *"Kabul edilen üç dua vardır; bunlarda şüphe yoktur: Anne-babanın oğluna olan duası, âdil yöneticinin duası ve misafirin duası."* [38]

✿

56. Ca'fer b. Muhammed, babasından şöyle dediğini rivayet etti: "Üç şey vardır ki, onlara icabet edilmez: akrabalarını ziyaret etmekle emrolunduğu halde, onların aleyhine dua eden kimsenin duası. Allah, kendisine boşama imkânı tanıdığı halde, hanımından kurtulmak için ona beddua eden kimsenin duası; (üçüncü olarak da) yazılmamış (belgelenmemiş) ve şahit gösterilmemiş olduğu halde, bir adamın başka birisinde malının (veya alacağının) bulunduğunu iddia etmesi." [39]

---

38 Buhârî, *Edebu'l-Müfred,* 481; Hafız İmam Ebu'l-Kasım Süleyman b. Ahmed ed-Taberânî, *ed-Dua,* (thk. Muhammed Said b. Muhammed Hasan el- Buhârî), Daru'l-Beşâiri'l-İslamiyye, Beyrut, 1. bas., 1407, 1313, 1323, 1324, 1325, 1326.

39 Hâkim, *el-Müstedrek,* 2/302.

ANNE-BABANIN
DİNÎ TERBİYE VERMESİ

عَنْ مُصْعَبِ بْنِ سَعْدِ بْنِ اَبِي وَقَّاصٍ عَنْ اَبِيــهِ قَالَ: نَزَلَتْ فِيَّ
اَرْبَعُ اٰيَاتٍ مِنْ كِتَابِ اللهِ كَانَتْ اُمِّي حَلَفَتْ اَنْ لَا تَأْكُلَ وَلَا
تَشْرَبَ حَتَّى اُفَارِقَ مُحَمَّدًا فَاَنْزَلَ اللهُ وَاِنْ جَاهَدَاكَ عَلَى اَنْ
تُشْرِكَ بِي مَا لَيْسَ لَكَ بِهِ عِلْمٌ فَلَا تُطِعْهُمَا وَصَاحِبْهُمَا فِي الدُّنْيَا
مَعْرُوفًا وَالثَّانِيَةُ اَنِّي اَخَذْتُ سَيْفًا فَاَعْجَبَنِي فَقُلْتُ: يَا رَسُولَ اللهِ
هَبْ هَذَا لِي فَنَزَلَتْ يَسْاَلُونَكَ عَنِ الْاَنْفَالِ وَالثَّالِثَةُ اَنِّي مَرِضْتُ
فَاَتَانِي رَسُولُ اللهِ ﷺ فَقُلْتُ: يَا رَسُولَ اللهِ اِنِّي اُرِيدُ اَنْ اُقْسِمَ مَالِي
فَاُوصِي بِالنِّصْفِ؟ قَالَ: لَا. قُلْتُ: فَالثُّلُثُ؟ قَالَ: لَا. قُلْتُ: فَالثُّلُثُ؟ فَسَكَتَ وَكَانَ الثُّلُثُ
جَائِزًا وَالرَّابِعَةُ اَنِّي شَرِبْتُ الْخَمْرَ مَعَ قَوْمٍ مِنَ الْاَنْصَارِ فَضَرَبَ
رَجُلٌ مِنْهُمْ اَنْفِي بِلَحْيِ جَمَلٍ فَاَتَيْتُ النَّبِيَّ فَاَنْزَلَ اللهُ تَحْرِيمَ الْخَمْرِ.

57. Mus'ab Sa'd b. Ebû Vakkas (r.a) anlatıyor: "Benim hakkımda Allah'ın kitabında dört âyet indi. Annem, ben Muhammed'i (s.a.v) terketmedikçe yemeyeceğine ve içmeyeceğine yemin etti. Bunun üzerine Allah (c.c),

"Eğer onlar seni, hakkında bilgin olmayan bir şeyi (körü körüne) bana ortak koşman için zorlarlarsa, onlara itaat etme. Onlarla dünyada iyi geçin ..." (Lokman 31/15) âyetini indirdi.

İkincisi, (bir ganimette gördüğüm) kılıcı aldım. Çok hoşuma gitmişti:

– Ey Allah'ın Rasûlü, bunu bana hediye et! dedim. Bunun üzerine, *"Sana ganimetleri soruyorlar..."* (Enfâl 8/1) âyeti indi.

Üçüncüsü, hastaydım. Resûlullah (s.a.v) beni ziyarete geldi. Ben,

– Ey Allah'ın Rasûlü! Malımı paylaştırmak istiyorum. Yarısını (hayır yollarında harcanmak üzere) vasiyet edebilir miyim? diye sordum. Resûlullah (s.a.v),

– Hayır, buyurdu.

– Peki ya üçte birini? diye sordum. Bunun üzerine sustu. Ancak daha sonra üçte biri caiz oldu.

Dördüncüsü, -içki yasaklanmadan önce- Ensar'dan bir toplulukla birlikte içki içmiştim. Onlardan biri, burnuma bir devenin çene kemiğiyle vurdu. Bunun üzerine Resûlullah'a (s.a.v) uğradım. (durumu izah ettim) Ardından Allah, içkinin haram olduğunu bildiren âyeti indirdi. (Mâide 5/9) [40]

---

[40] Müslim, Fedâilu's-Sahâbe, 4/1877; Ahmed, *Müsned,* 1/181; Buhârî, *Edebu'l-Müfred,* 24;

ﻭﺹ

58. Muaviye b. Rayyân'dan (rah) rivayet edildiğine göre, bir adam, Atâ'ya (rah) şunu sordu: "Bir adamın annesi ve hanımı var. Annesi, hanımını boşamadıkça oğlundan razı değil (ne yapması lazım)?" Atâ (rah),

– Annesi konusunda Allah'tan korksun ve ona iyilikte bulunsun dedi. "(Adam) Hanımından ayrılır mı?" diye sordu. Atâ,

– Hayır, dedi. Adam,

– Ancak annesi bu şekilde ondan razı oluyor, dedi. Atâ (rah),

– Allah, adamın annesinden razı olmaz. Eğer adam onu boşarsa, onun için herhangi bir sorumluluk yoktur; eğer tutarsa, yine bir sorumluluk yoktur" dedi.[41]

ﻭﺹ

59. Humeyd'den (rah) rivayet edildiğine göre, Hasan-ı Basrî'ye (rah), bir annenin oğluna, hanımını boşamasını emrettiği söylendi. Hasan (rah), "Annesinin isteğini yerine getirmek için hanımını boşaması, iyilik değildir" dedi.

ﻭﺹ

60. Ebu Sinân'dan (rah) rivayet edildiğine göre, Said b. Cübeyr'i (r.a) şöyle derken işitmiştir: "Beni yılan sokmuştu. Bunun üzerine annem bana, rukye yapmamı emretti. Ona karşı gelmeyi istemedim. Bunun üzerine bende, sokulmayan sağlam olan elimle rukye yaptım." [42]

---

[41] İbni Mâce, 2089; Ahmed, *Müsned,* 5/196; Hâkim, *Müstedrek,* 4/152; Humeydî, *Müsned,* 395.

[42] Rukye: Afet ve belalardan korunmak için okunan dua, muska

و

عَنْ حَمْزَةَ بْنِ عَبْدِ اللهِ بْنِ عُمَرَ عَنْ عَبْدِاللهِ بْنِ عُمَرَ قَالَ: كَانَتْ عِنْدِي
اِمْرَاَةٌ وَكُنْتُ اُحِبُّهَا وَكَانَ اَبِي عُمَرَ يَكْرَهُهَا فَاَمَرَنِي اَنْ اُطَلِّقَهَا
فَاَبَيْتُ فَذُكِرَ ذَلِكَ عِنْدَ النَّبِيِّ ﷺ فَدَعَانِي: يَا عَبْدَ اللهِ طَلِّقِ امْرَاَتَكَ.

61. Abdullah b. Ömer (r.a) anlatıyor: "Bir eşim vardı.
Onu severdim. Babam Ömer (r.a), ondan hoşlanmıyordu.
Bir süre sonra bana onu boşamamı emretti. Ben bunu ye-
rine getirmekten kaçındım. Bu, Resûlullah'ın (s.a.v) yanın-
da anlatıldığında, beni çağırdı ve,

"Ey Abdullah, eşini boşa," buyurdu.[43]

و

62. Hişâm'dan (rah) rivayet edildiğine göre, bir adam,
Hasan-ı Basrî'ye (rah), "Ben hac yaptım. (Gönlü olmadığı
halde) annem bana hac için izin vermişti" dedi. Bunun
üzerine Hasan (rah), ona,

---

43 Tirmizî, Talâk, 3/494 (13); Ebû Dâvûd, Edeb, 4/335; İbni Mâce, Talâk,
2/675; Ahmed, *Müsned,* 2/42, 53, 157; Hâkim, *Müstedrek,* 4/152.
Bu hadis, evladın kayıtsız şartsız bu emre uymak mecburiyetine de-
lalet etmez. Bu olaydan umumi hüküm çıkarılamaz. Çünkü Ömer (r.a)
gibi bir baba, kendi gelininden hoşlanmamış ve oğlunun onu boşa-
masını istemiş ise muhakkak bu istek sırf Allah yolunda bir istektir.
Dünya ile ilgili bir istek değildir. Bu Ömer (r.a) ve onun gibi zatlara
mahsus bir hükümdür. Çünkü Ömer'in (r.a)' hoşlanmaması sırf Allah
içindir ve din açısından hoşlanmamayı gerektiren bir nedene dayanır.
Bunun içindir ki Peygamber Efendimiz (s.a.v) Abdullah'a (r.a) hanımı-
nı boşamayı emretmiştir. Şu halde baba ve annenin, evladına hanım-
larını boşamaları için verecekleri emre uyma zorunluluğu yoktur.

"Onunla otursaydın (daha iyi olurdu). Bu durumda bana göre, annenin sofrasında hizmet etmen, senin hac yapmış olmandan daha hoş gelir" dedi.

❧

63. Huseyn b. Hasan (rah) rivayet etti: İbn Mübârek'in (rah) şöyle dediğini işittim: "Bana ulaştığına göre, kim bayram (veya her iki bayram) gecesini ihyâ ederse, kalplerin öldüğü zaman kalbi ölmez."

❧

64. Hişâm ed-Destuvânî'den (rah) rivayet edildiğine göre, Hasan-ı Basrî'ye (rah), annesinin "iftarını aç" dediği bir adamın tuttuğu (nafile) oruç hakkında ne yapması gerektiği soruldu. Hasan (rah), "Orucunu açar. Kazâ etmesi gerekmez. Onun için oruç ve iyilik sevabı vardır. Eğer annesi, 'namaza gitme!' derse, bu konuda annesine itaat etmez. Çünkü bu farzdır," dedi.[44]

❧

عَنْ مُجَاهِدٍ اَنَّ رَجُلاً قَدِمَ عَلَى النَّبِيِّ ﷺ اَوْ خَرَجَ مَعَهُ مُجَاهِدًا فَقَالَ لَهُ النَّبِيُّ ﷺ : اَذِنَ لَكَ اَبُوكَ؟ قَالَ: لاَ. قَالَ: فَارْجِعْ.

65. Mücâhid'den (rah) rivayet edildiğine göre, bir adam Resûlullah'a (s.a.v) geldi ve kendisiyle birlikte cihada çıkmak istediğini söyledi: Resûlullah (s.a.v) ona,

– *Baban sana izin verdi mi?* diye sordu. Adam,

---

[44] Hanefi mezhebine göre, başlanmış nafile orucun bozulması halinde başka bir gün kaza edilmesi gerekir.

– Hayır, dedi. Resûlullah (s.a.v),

– *O halde vazgeç geri dön,* buyurdu.[45]

۞

عَنْ مُجَاهِدٍ اَنَّ رَجُلاً قَدِمَ عَلَى النَّبِيِّ ﷺ مُهَاجِرًا فَقَالَ لَهُ النَّبِيُّ ﷺ: اَذِنَ لَكَ اَبَوَاكَ ؟ قَالَ: لاَ. قَالَ: اِرْجِعْ اِرْجِعْ.

66. Mücâhid'den (rah) rivayet edildiğine göre, bir adam (anne babasanı terk edip cihad etmek üzere) Resûlullah'ın (s.a.v) yanına geldi. Resûlullah (s.a.v) ona,

– *Annen-baban sana izin verdi mi?* diye sordu. Adam,

– Hayır, dedi. Resûlullah (s.a.v),

– *O halde geri dön, geri dön!* buyurdu.[46]

۞

67. Muâviye'den (rah) anlatıyor: "Atâ'ya (rah),

– Annem benim, yağmurlu gecelerde cemaatle namaz kılmamı engelliyor (ne dersin)? diye sordum. Atâ (rah),

– Annene itaat et, dedi.

۞

68. Avvâm b. Havşeb'den (rah) rivayet edilmiştir: "Mücâhid'e (rah),

– Babam beni çağırıyor, bir taraftan da namaz için kamet getiriliyor, ne yapmalıyım? diye sordum. Mücâhid (rah),

---

45 Ebû Dâvûd, Cihad, 3/17 (2529).
46 Ebû Dâvûd, Cihad, 3/17 (2530).

– Babanın çağrısına uy, dedi."

❧

69. Ebu'r-Rabî' (rah), Avvâm b. Havşeb'den (rah), o da Mücâhid'den (rah) bu haberin benzerini rivayet etti.

❧

70. Süfyan b. Uyeyne (rah) anlatıyor: Ubeydullah b. Ebû Yezid (rah), Ubeyd b. Umeyr'e (rah), "Anne-babası ya da onlardan biri istemediği halde, bir kişi savaşa gidebilir mi?" diye sordu. Ubeyd b. Umeyr (rah) "Hayır" dedi.

❧

71. Zürâre b. Evfâ'dan (rah) rivayet edildiğine göre, bir adam İbn Abbas'a (r.a),

– Rumlarla savaş yapmak için yemin etmiştim. Oysa annem ve babam beni bundan engelliyorlar, dedi. İbn Abbas (r.a),

– Anne-babana itaat et. Çünkü Rumlar senden başka kendileriyle savaşacak birilerini bulacaklardır, dedi.

❧

عَنْ عَبْدِ اللَّهِ بْنِ عَمْرٍو قَالَ جَاءَ رَجُلٌ إِلَى النَّبِيِّ ﷺ فَقَالَ: يَا رَسُولَ اللهِ جِئْتُ أُبَايِعُكَ عَلَى الْهِجْرَةِ وَقَدْ تَرَكْتُ أَبَوَايَّ يَبْكِيَانِ. قَالَ: فَارْجِعْ إِلَيْهِمَا فَأَضْحِكْهُمَا كَمَا أَبْكَيْتَهُمَا.

72. Abdullah b. Amr'dan (r.a) şöyle rivayet edilmiştir: "Bir adam, Resûlullah'a (s.a.v) geldi ve,

– Ey Allah'ın Resûlü (s.a.v), hicret etmek üzere sana biat etmeye geldim. Annem-babamı ağlar halde bıraktım, dedi. Bunun üzerine Resûlullah (s.a.v),

– Onlara dön ve onları ağlattığın gibi güldür (öyle gel),
buyurdu.[47]

❧

عَنْ عَبْدِ اللَّهِ بْنِ عَمْرٍو قَالَ: جَاءَ رَجُلٌ اِلَى النَّبِيِّ ﷺ يُبَايِعَهُ عَلَى
الْهِجْرَةِ فَقَالَ: مَا جِئْتُ حَتَّى اَبْكَيْتُ اَبَوَايَّ . قَالَ: فَارْجِعْ
اِلَيْهِمَا فَاَضْحِكْهُمَا.

73. Abdullah b. Amr'dan (r.a) rivayet edildi: "Bir adam,
hicret etmek üzere Resûlullah'a (s.a.v) biat etmeye geldi ve,

– Annem-babam benim için ağlarlarken geldim, dedi.
Bunun üzerine Resûlullah (s.a.v),

– Dön ve onları ağlattığın gibi güldür (öyle gel), buyur-
du.[48]

❧

عَنْ مُجَاهِدٍ قَالَ اَتَى يَعْلَى بْنِ اُمَيَّةَ بِاَبِيهِ اِلَى النَّبِيِّ ﷺ يُبَايِعَهُ عَلَى
الْهِجْرَةِ بَعْدَ الْفَتْحِ. فَقَالَ رَسُولُ اللهِ ﷺ : لَا هِجْرَةَ بَعْدَ الْفَتْحِ. فَقَالَ:
يَا رَسُولَ اللهِ بَايَعَ اَبِي عَلَى الْهِجْرَةِ. فَقَالَ: لَا هِجْرَةَ بَعْدَ الْفَتْحِ.
فَاَتَى الْعَبَّاسُ يَسْتَشْفِعُ بِهِ عَلَى النَّبِيِّ ﷺ فَاَتَى الْعَبَّاسُ النَّبِيَّ ﷺ فَقَالَ:
اَقْسَمْتُ عَلَيْكَ يَا رَسُولَ اللهِ لَمَّا بَايَعْتَ اَبَا يَعْلَى عَلَى الْهِجْرَةِ.
فَبَسَطَ يَدَهُ وَقَالَ: قَدْ اَطَعْتُ عَمِّي وَلَا هِجْرَةَ بَعْدَ الْفَتْحِ.

47 Nesâî, Bey'at, 7/143.
48 Ahmed, *Müsned,* 2/194, 204; Hâkim, *Müstedrek,* 4/153.

74. Mücâhid'den (rah) rivayet edilmiştir: "Ya'la b. Ümeyye (r.a), Mekke'nin fethinden sonra babasını, (Medine'ye) hicret etmek üzere biat etmek için Resûlullah'a (s.a.v) getirdi. Bunun üzerine Resûlullah (s.a.v),

– Fetihten sonra hicret yoktur, buyurdu. Ya'la b. Ümeyye (r.a),

– Ey Allah'ın Rasûlü, babam hicret etmek üzere biat ediyor, dedi. Resûlullah (s.a.v) tekrar,

– Fetihten sonra hicret yoktur, buyurdu. Ya'la b. Ümeyye (r.a), Resûlullah'a (s.a.v) karşı aracılık etmesi için Abbas'a (r.a) gitti. Hz. Abbas (r.a), Resûlullah'a (s.a.v) geldi ve,

– Ya Resûlallah! Allah'a yemin ederim ki; Ebû Ya'la'ya Medine'ye hicrete gitmesi için biat vereceksin, dedi. Bunun ardından Resûlullah (s.a.v) elini uzattı ve,

– Amcama, (yemini bozulmasın diye) itaat ettim; çünhkü fetihten sonra hicret yoktur, dedi.[49]

---

[49] Ya'la b. Ümeyye, babasının 'hicret etmek üzere' yapmış olduğu biatını Rasulullah'ın (s.a.v) kabul etmesi isteğini tekrarlamasına rağmen, Rasulullah'ın (s.a.v) "Fetihten sonra (Medine'ye) hicret yoktur" ifadesi, Mekke'nin fethinden sonra Medine'ye gitmenin gerekli olmadığını, bu tarihten sonra gelenlerin muhacir olarak anılmayacağını açıklamakta, bu isteğin yerine getirilmesi için de herhangi bir aracı kimseye ihtiyaç duyulmadığını göstermektedir.
"İbni Mâce, Keffaret, 1/683 (2116); Nesâî, Bey'at, 7/145; Ahmed, Müsned, 4/223.

عَنْ عَبْدِ اللَّهِ بْنِ عَمْرٍو قَالَ اَتَى النَّبِيَّ ﷺ رَجُلٌ فَقَالَ: جِئْتُكَ
لِأُبَايِعُكَ عَلَى الْهِجْرَةِ وَقَدْ تَرَكْتُ أَبَوَايَّ يَبْكِيَانِ. قَالَ: ارْجِعْ
إِلَيْهِمَا فَأَضْحِكْهُمَا كَمَا أَبْكَيْتَهُمَا.

75. Abdullah b. Amr'dan (r.a) rivayet edilmiştir: "Bir adam Resûlullah'a (s.a.v) geldi ve,

– Hicret etmek üzere sana biat etmeye geldim; anne babamı ağlar bir şekilde bıraktım, dedi. Bunun üzerine Resûlullah (s.a.v),

– *Dön ve onları ağlattığın gibi güldür (sonra gel),* buyurdu.[50]

---

50 İbni Mâce, Cihad, 2782; Buhârî, *Edebu'l-Müfred,* 13; Hâkim, *Müstedrek,* 4/152; Abdurrezzâk, *Musannef* (9285), Humeydî, *Müsned,* 584; Ahmed, *Müsned,* 2/160.

ANNE-BABA
YERİNE GEÇEN AKRABALAR

76. Murki' el-Hanzalî'den (rah) rivayet edilmiştir: "İbn Abbas'a (r.a), "Karısını öldürmüş bir adam hakkındaki görüşün ne?" diye sordum. Bunun üzerine İbn Abbas (r.a), "Eğer anne babası hayatta iseler, onlara iyilikte bulunur. Eğer sadece annesi hayatta ise, hayatta olduğu sürece ona iyilikte bulunur. Umulur ki Allah onu affeder" dedi.[51]

﷽

عَنْ أَبِي بَكْرِ بْنِ حَفْصٍ أَنَّ رَجُلاً أَتَى النَّبِيَّ ﷺ قَدْ أَلِمَ بِذَنْبٍ فَقَالَ لَهُ: هَلْ لَكَ وَالِدَةٌ ؟ قَالَ : لَا. قَالَ : فَهَلْ لَكَ خَالَةٌ ؟ قَالَ: نَعَمْ. قَالَ : اذْهَبْ فَبِرَّهَا.

77. Ebu Bekr b. Hafs'tan (r.a) rivayet edildiğine göre, bir adam Resûlullah'a (s.a.v) geldi ve günahından dolayı dert yandı. Bunun üzerine Resûlullah (s.a.v) ona,

---

51 Buhârî, *Edebu'l-Müfred*, 4.

– *Annen var mı?* diye sordu. Adam "Hayır" dedi. Resûlullah (s.a.v),

– *Teyzen var mı?* diye sordu. Adam "Evet" dedi. Resûlullah (s.a.v), *"Git ve ona iyilikte bulun"* buyurdu.[52]

❧

78. Ebû Bekir b. Hafs (r.a), Resûlullah'tan (s.a.v) hadisin benzerini, "büyük bir günah işledim" ilavesiyle rivayet etmiştir.

❧

عَنْ سَعِيدِ بْنِ عَمْرِو بْنِ الْعَاصِ قَالَ قَالَ رَسُولُ اللهِ ﷺ: حَقُّ كَبِيرِ الْأُخْوَةِ عَلَى صَغِيرِهِمْ حَقُّ الْوَالِدِ عَلَى وَلَدِهِ.

79. Said b. Amr b. el-Âs'tan (r.a) rivayet edildiğine göre, Resûlullah (s.a.v) şöyle buyurdu: *"Büyük kardeşlerin küçük kardeşler üzerindeki hakkı, babanın çocuğu üzerindeki hakkı gibidir."* [53]

❧

عَنْ مُحَمَّدِ بْنِ الْمُنْكَدِرِ قَالَ جَاءَتْ إِلَى النَّبِيِّ ﷺ ظِئْرُهُ الَّتِي أَرْضَعَتْهُ فَبَسَطَ لَهَا رِدَاءَهُ ثُمَّ قَالَ: مَرْحَبًا بِأُمِّي. ثُمَّ أَجْلَسَهَا عَلَى رِدَائِهِ.

80. Muhammed b. el-Münkedir'den (r.a) rivayet edilmiştir: "Resûlullah'a (s.a.v) kendisini emzirmiş olan süt an-

---

52 Tirmizî, Birr ve's-Sıla, 4/314 (1905, 1906); Ahmed, *Müsned,* 2/13; Hâkim, *Müstedrek,* 4/155.

53 Abdurrahman b. Ebi Hatim er-Râzî, İbni Ebi Hatim, *el-Merâsil,* (ta'lik: Ahmed İsam el-Katib), 1. bas., 1403, Daru'l-Kütüb el-İlmiyye, Beyrut, 487.

nesi geldi. Bunun üzerine Resûlullah (s.a.v) onun için cübbesini yaydı ve sonra, *"Hoş geldin anneciğim"* dedi. Ardından onu cübbesinin üzerine oturttu."[54]

۞

عَنْ حَجَّاجِ بْنِ حَجَّاجٍ عَنْ اَبِيهِ قَالَ: سُئِلَ رَسُولُ اللّٰهِ ﷺ : مَا يُذْهِبُ عَنِّي مَذَمَّةَ الرَّضَاعِ؟ قَالَ: غُرَّةُ عَبْدٍ اَوْ اَمَةٍ.

81. Haccâc b. Haccâc (rah), babasından rivayet etmiştir: "Resûlullah'a (s.a.v), "Emzirme hakkını nasıl ödeyebilirim?" diye soruldu. Resûlullah (s.a.v),

"(Emziren kadına) iyi bir köle veya cariye (vermekle)," buyurdu.[55]"

۞

عَنِ الزُّهْرِيِّ قَالَ بَلَغَنَا اَنَّ رَسُولَ اللّٰهِ ﷺ قَالَ: اَلْعَمُّ اَبٌ إِذَا لَمْ يَكُنْ دُونَهُ اَبٌ وَالْخَالَةُ وَالِدَةٌ إِذَا لَمْ تَكُنْ دُونَهَا اُمٌّ.

82. Zührî (rah) rivayet ediyor: Resûlullah (s.a.v) şöyle buyurdu: *"Baba olmadığında, amca babadır. Anne olmadığında da, teyze annedir."*

۞

---

54 Tirmizî, Rada, 3/459 (1153); İbni Ebi'd-Dünya, *Mekârimu'l-Ahlâk*, 213; Hâkim, *Müstedrek*, 4/164.

55 Ebû Dâvûd, Nikâh, 2/224 (2064); Tirmizî, Rada, 3/459 (1153); Nesâî, Nikah, 6/108; Ahmed, *Müsned,* 3/450; Abdurrezzâk, *Musannef,* 7/478 (13956); Taberânî, *el-Kebîr,* 3/250 (3199, 3200, 3201, 3202, 3203, 3204, 3205, 3207); Humeydî, *Müsned,* 2/387 (877); Dârimî, 2/157.

83. Abdu'l-A'lâ b. Abdullah b. Ebû Ferve'den (rah) rivayet edilmiştir: Abdu'l-A'lâ b. Abdullah ve amcası İmran b. Ebu Ferve birlikte oturuyorlardı. (oraya gelen) Muttalib'e yer açtılar. Bunun üzerine Muttalib onları ayırmaktan kaçındı ve: *"Resûlullah (s.a.v), kişiyle babasının arasını ayırmayı yasakladı"* dedi. Abdu'l-A'lâ (rah): "O sadece benim amcamdır" dedi. Muttalib (r.a): "Amca, babadır" dedi.[56]

عَنِ الزُّهْرِيِّ قَالَ قَالَ رَسُولُ اللهِ ﷺ : اَلْعَمُّ وَالِدٌ إِذَا لَمْ يَكُنْ دُونَهُ اَبٌ وَالْخَالَةُ وَالِدَةٌ إِذَا لَمْ تَكُنْ دَونَهَا اُمٌّ.

84. Zührî'den (rah) rivayet edildiğine göre, Resûlullah (s.a.v) şöyle buyurdu: *"Baba olmadığında, amca babadır. Anne olmadığında da, teyze annedir."*

ÖLÜMLERİNDEN SONRA
ANNE-BABAYA İYİLİK YAPMAK

عَنِ ابْنِ عُمَرَ قَالَ سَمِعْتُ رَسُولَ اللهِ ﷺ يَقُولُ : إِنَّ اَبَرَّ الْبِرِّ اَنْ
يَصِلَ الرَّجُلُ اَهْلَ وُدِّ اَبِيهِ بَعْدَ اَنْ يُوَلِّيَ

85. (Abdullah) İbn Ömer'den (r.a) rivayet edildiğine göre, Resûlullah'ın (s.a.v) şöyle buyurduğunu işitmiştir: *"Şüphesiz iyiliklerin en iyisi, kişinin, babasının ölümünden sonra onun dostlarını ziyaret etmesidir.*

❧

86. Sa'd b. Ubâde ez-Zerkî (rah), babasının ona şunu rivayet ettiğini anlattı: "Medine mescidinde, Amr b. Osman b. Affan (rah) ile birlikte oturuyordum. Abdullah b. Selâm (r.a), yeğenine yaslanmış bir şekilde bizim yanımıza geldi. Ardından meclisten uzaklaştı. Sonra vazgeçti ve meclistekilere yaklaştı ve (İki veya üç defa tekrar ederek) şöyle dedi:

– Ey Amr b. Osman! İstediğin şekilde hareket et; Muhammed'i (s.a.v) hakla gönderen Allah'a yemin olsun ki, şüphesiz Allah'ın kitabında ya da Allah'ın bazı kitaplarında şöyle yazar:

'Babanı ziyaret edenden ilişkini kesme, aksi halde nû-run söner.'[57]

۹۶

عَنْ اَبِي اُسَيْدٍ اَنَّ رَسُولَ اللهِ ﷺ كَلَّمَهُ رَجُلٌ مِنْ بَنِي سَلَمَةَ وَاَنَا عِنْدَهُ. فَقَالَ: يَا رَسُولَ اللهِ إِنَّ اَبَوَايَ قَدْ هَلَكَا فَهَلْ بَقِيَ عَلَيَّ مِنْ بِرِّهِمَا شَيْءٌ؟ فَقَالَ لَهُ رَسُولُ اللهِ ﷺ: نَعَمْ اَرْبَعَةُ اَشْيَاءٍ اَلصَّلاَةُ عَلَيْهِمَا وَاْلاِسْتِغْفَارُ لَهُمَا وَإِنْفَاذُ عُهُودِهِمَا مِنْ بَعْدِهِمَا وَصِلَةُ رَحِمِهِمَا الَّتِي لاَ رَحِمَ لَكَ إِلاَّ مِنْ قِبَلِهِمَا. فَقَالَ الرَّجُلُ: مَا اَكْبَرَ هَذَا اَوْ مَا اَطْيَبَه يَا رَسُولَ اللهِ ! قَالَ: فَاعْمَلْ بِهِ.

87. Ebû Useyd'den (r.a) rivayet edilmiştir: "Ben Resûlullah'ın (s.a.v) yanında iken, Seleme oğullarından bir adam onunla konuştu:

– Ey Allah'ın Rasûlü (s.a.v), annem-babam öldü. Benim onların iyiliği için yapabileceğim bir şey kaldı mı?" diye sordu. Resûlullah (s.a.v) ona,

– *Evet, dört şey (kaldı): Onlar için dua etmek, onlar için bağışlanma isteğinde bulunmak, onlardan sonra sözlerini yerine getirmek ve onların bağları dışında kendileriyle akrabalık bağının bulunmadığı kimseleri ziyaret etmek*" dedi. Bunun üzerine adam:

– Bu ne büyük (ya da ne güzel) bir şeydir ey Allah'ın Rasûlü!" dedi. Resûlullah (s.a.v),

---

57 Buhârî, *Edebu'l-Müfred*, 42.

– *O halde bunu yap,* buyurdu.[58]

᷀

88. Sâbit'ten (rah) şöyle rivayet edilmiştir: Ömer b. el-Hattâb (r.a) şöyle dedi: "Kim ölümünden sonra babasını ziyaret etmek isterse, babasının kardeşlerini (ve arkadaşlarını) ziyaret etsin."

᷀

89. Hazm b. Mihrân el-Kat'i (rah), Sâbit el-Benânî'den (rah) rivayet etmiştir: "Bize ulaştığına göre, Ömer b. el-Hattâb (r.a) şöyle dedi: "Kim kabrindeki babasını ziyaret etmek isterse, ölümünden sonra babasının kardeşlerini (ve arkadaşlarını) ziyaret etsin."

᷀

90. Yahya b. Said (rah) anlatıyor: Said b. el-Müseyyeb'in (r.a) ellerini kaldırarak şöyle dediğini işittim: "Şüphesiz kişi, ölümünden sonra, çocuğunun duasıyla bu şekilde (derecesi) yükselir."[59]

᷀

91. Züheyr Ebû Hayseme (rah), Yahya b. Said'den (rah), o da Said b. el-Müseyyeb'den (r.a) aynı haberin benzerini rivayet etti.

᷀

---

58 Ebû Dâvûd, Edeb, 4/336 (5142); İbni Mâce, Edeb, 2/128 (3664); Ahmed, Müsned, 3/498; Buhârî, *Edebu'l-Müfred,* 35; Taberânî, *el-Kebîr,* 19/692; Hâkim, *Müstedrek,* 4/155.

59 İmam Malik b. Enes, *Muvatta,* (thk. Muhammed Fuad Abdülbâkî), Daru İhyai'l-Kütübi'l-Arabiyye, Kahire, 1/217 (38); İbni Ebi Şeybe, *Musannef,* 10/396 (9788).

عَنِ الْحَسَنِ اَنَّ سَعْدَ بْنِ عُبَادَةَ قَالَ: يَا رَسُولَ اللّٰهِ اِنِّي كُنْتُ اَبَرُّ
اُمِّي وَاَنَّهَا مَاتَتْ فَاِنْ تَصَدَّقْتُ عَنْهَا اَوْ اَعْتَقْتُ عَنْهَا اَيَنْفَعُهَا
ذٰلِكَ؟ قَالَ: نَعَمْ. قَالَ فَمُرْنِي بِصَدَقَةٍ. قَالَ: اِسْقِ الْمَاءَ. قَالَ
الْحُسَيْنُ فَنَصَبَ سَعْدٌ سَقَايَتَيْنِ بِالْمَدِينَةِ. قَالَ الْحَسَنُ: فَرُبَّمَا
سَقَيْتُ مِنْهُمَا وَاَنَا غُلَامٌ.

92. Hasan(-ı Basrî)'den (rah) rivayet edildiğine göre, Sa'd b. Ubâde (r.a),

– Ey Allah'ın Rasûlü, şüphesiz ben anneme iyilikte bulunurdum. (Ancak) o öldü. Eğer onun için sadaka versem veya onun için köle âzâd etsem, bunun ona faydası olur mu? diye sordu. Resûlullah (s.a.v),

– *Evet,* buyurdu. Sa'd (r.a):

– Bana verebileceğim sadakayı emret, dedi. Resûlullah (s.a.v),

– *Su ver, (sula),* buyurdu.

Hüseyin (rah) dedi ki: "Bunun üzerine Sa'd (r.a) Medine'de iki sulama yeri inşa etti." Hasan-ı Basrî (rah): "Nice kere, ben çocukken oradan su çektim" dedi.

❦

93. Sekafî'nin (rah) bize rivayet ettiğine göre, o, Yahya b. Saîd'i (rah) şöyle söylerken işitmiş: "Biz, şu üç şeyin ölüye verildiğini duyuyorduk: On(un vefatın)dan sonra verilen sadaka, ondan sonra kendisiyle amel edilmek üzere bıraktığı ilim ve kendisine dua eden çocuk."[60]

---

60 Ahmed, *Müsned,* 5/284, 6/7; Taberânî, *el-Kebîr,* 6/25 (5383, 5384).

عَنْ اَبِي بَكْرِ بْنِ حَزْمٍ عَنْ رَجُلٍ مِنْ اَصْحَابِ النَّبِيِّ ﷺ قَالَ: كَفَيْتُكُمْ
اَنَّ رَسُولَ اللهِ ﷺ قَالَ الْوَدُّ يَتَوَارَثُ.

94. Ebû Bekr b. Hazm (rah), Resûlullah'ın ashâbından
bir adamın şöyle dediğini rivayet etti: "Size, Resûlullah'ın
(s.a.v), 'Sevgi veraset yolu ile kazanılır' sözü yeter."[61]

حَدَّثَنِي عِكْرِمَةُ بْنِ عَبْدِ الرَّحْمٰنِ بْنِ الْحَارِثِ بْنِ هِشَامٍ قَالَ قَالَ
رَسُولُ اللهِ ﷺ : وُدُّكَ وُدُّ اَبِيكَ لاَ تَقْطَعْ مَنْ كَانَ يَصِلُهُ اَبَاكَ
فَيَطْفَأُ بِذَلِكَ نُورُكَ.

95. İkrime b. Abdurrahman b. el-Hâris b. Hişâm (r.a)
bana rivayet ettiğine göre, Resûlullah (s.a.v) şöyle buyurdu:

"Babanın dostu senin de dostundur. O halde babanı
ziyaret edenle ilişkini koparma, aksi halde nurunu kaybe-
dersin."

96. Hanzala b. Ebû Süfyan (rah), bir adamdan rivayet
ettiğine göre, Abdullah b. Tâvûs (rah), ölüm döşeğinde
olan babasına,

– Bana vasiyetin ne? diye sordu. Babası,

---

61 Hâkim, *Müstedrek,* 4/176; Taberânî, *el-Kebîr,* 17/189 (507); Buhârî,
Edebu'l-Müfred, 43.
   Kişinin kazandığı malın evlat ve yakınlara miras olarak kalması gibi, ha-
   yatta çevresindekilere duyduğu sevgi ve saygının da, ölümünden son-
   ra aynı şekilde varislerine (evlat ve yakınlarına) kalması gerekir. (çev.)

– Bana gösterdiğin sevgi ve saygıyı dostlarıma da göstermeni istiyorum. Filana bak (ve saygı göster)! dedi.

Bu haberi rivayet eden kişi şöyle anlattı: "Abdullah ile birlikte iken, bir adam geldi. Bunun üzerine Abdullah atından indi, ona doğru yürüdü ve onu kucakladı."

✿

97. Hemmâm'dan (rah) rivayet edildiğine göre, Ka'b (rah) şöyle dedi: "İyilik, babanın sağ iken iyilikte bulunduğu kimseye iyilikte bulunmandır. Aziz ve Yüce olan Allah için birbirlerini ziyaret edenler (kıyamet günü) beraber olurlar."

✿

98. Hemmâm (rah) anlatıyor: Ka'b'a (rah),

– Allah katında anne babaya yapılan iyilikleri kaçırdığımı sanıyorum, dedim. Ka'b (rah):

– Onlara iyilik yapma fırsatını henüz kaçırmadın. Onlar için (Allah'dan) mağfiret dile. Namazından, orucundan ve sadakandan onlar için bir pay ayır; bu şekilde Allah'ın izniyle sâlihlerden olursun, dedi.

ANNE BABAYA KARŞI GELMEK

عَنِ الشَّعْبِيِّ قَالَ قَالَ رَسُولُ اللهِ ﷺ: اَلاَ اُنَبِّئُكُمْ بِاَكْبَرِ الْكَبَائِرِ اْلاِشْرَاكُ بِاللهِ وَعُقُوقُ الْوَالِدَيْنِ وَالْيَمِينُ الْغَمُوسِ.

99. Şa'bî'den (rah) rivayet edildiğine göre, Resûlullah (s.a.v) şöyle buyurdu: *"Size en büyük günahları bildireyim mi? (Onlar) Allah'a şirk koşmak, anne baba haklarına itaat etmemek ve yalan (yere yapılan) yemindir."* [62]

❧

عَنْ عَبْدِ اللهِ بْنِ عَمْرِو بْنِ الْعَاصِ قَالَ قَالَ رَسُولُ اللهِ ﷺ: اِنَّ اَكْبَرَ الْكَبَائِرِ اَنْ يَسُبَّ الرَّجُلُ وَالِدَيْهِ. قِيلَ: وَكَيْفَ يَسُبُّ الـرَّجُلُ وَالِدَيْهِ؟ قَالَ: يَسْتَابُ الرَّجُلُ فَيَسُبُّ اَبَاهُ وَيَسُبُّ اُمَّهُ فَيَسُبُّ اُمَّهُ.

100. Abdullah b. Amr b. el-Âs'tan (r.a) rivayet edildiğine göre, Resûlullah (s.a.v),

---

62 Ahmed, *Müsned,* 2/201.

"En büyük günah(lardan biri), kişinin anne babasına sövmesidir" buyurdu. (Resûlullah'a) "Kişi anne babasına nasıl sövebilir?" diye soruldu.

"Kişi, bir kimseye söver, (karşısındaki de) onun babasına söver; yine o kişi (diğerinin) annesine söver, o da (karşılık olarak) onun annesine söver" buyurdu.[63]

عَنْ حُمَيْدِ بْنِ عَبْدِ الرَّحْمنِ قَالَ قَالَ عَبْدُ اللهِ ابْنِ عَمْرٍو: مِنَ الْكَبَائِرِ اَنْ يَسُبَّ الرَّجُلُ وَالِدَهُ. قِيلَ: كَيْفَ يَسُبُّ الرَّجُلُ وَالِدَهُ؟ قَالَ: يَسُبُّ وَالِدَ الرَّجُلِ فَيَسُبُّ وَالِدَهُ وَيَسُبُّ أُمَّهُ فَيَسُبُّ أُمَّهُ.

101. Humeyd b. Abdurrahman'dan (rah) rivayet edildiğine göre, Abdullah b. Amr (r.a) şöyle dedi: "Kişinin anne babasına sövmesi büyük günahlardandır." "Kişi, anne babasına nasıl sövebilir?" diye soruldu. "(Kişi) Bir kimsenin babasına söver, o da (karşılık olarak) onun babasına söver; yine onun annesine söver, o da (karşılık olarak) onun annesine söver" dedi.[64]

عَنْ عَبْدِ اللهِ بْنِ عَمْرِو بْنِ الْعَاصِ قَالَ قَالَ رَسُولُ اللهِ ﷺ: إِنَّ مِنَ الْكَبَائِرِ اَنْ يَسُبَّ الرَّجُلُ وَالِدَيْهِ. قِيلَ: وَكَيْفَ يَسُبُّ الرَّجُلُ وَالِدَيْهِ؟ قَالَ: يَتَعَرَّضُ لِلنَّاسِ فَيَسُبُّ وَالِدَيْهِ.

---

63 Buhârî, Edeb, 7/69; Müslim, İman, 1/92; Tirmizî, Birr ve's-Sıla, 4/314 (1902); Ahmed, Müsned, 2/164, 214; Buhârî, Edebu'l-Müfred, (27); İbni Ebi Şeybe, Musannef, 9/88 (6626).

64 Ahmed, Müsned, 2/164.

102. Abdullah b. Amr b. el-Âs'tan (r.a) rivayet edildiğine göre, Resûlullah (s.a.v),

"Kişinin anne babasına sövmesi en büyük günahlardan biridir" buyurdu. (Resûlullah'a) *"Kişi anne babasına nasıl sövebilir?"* diye soruldu.

"İnsanlarla tartışıp-çekişir, (bu yaptığından dolayı anne babasına sövülür) bu şekilde anne babasına sövmüş olur" buyurdu.

عَنْ اَبِي اُمَامَةَ صَدِيّ بْنِ عَجْلَانَ قَالَ قَالَ رَسُولُ اللهِ ﷺ: اَرْبَعَةٌ لَا يَنْظُرُ اللهُ إِلَيْهِمْ يَوْمَ الْقِيَامَةِ عَاقٌّ وَمَنَّانٌ وَمُدْمِنُ خَمْرٍ وَمُكَذِّبٌ بِقَدَرٍ.

103. Ebû Umâme Sadî b. Aclân'dan (r.a) rivayet edildiğine göre, Resûlullah (s.a.v) şöyle buyurdu:

"Dört kişi vardır ki, Allah kıyamet günü onların yüzüne bakmayacaktır: Anne-babasının hakkına uymayan (onlara âsi gelen), yaptığı iyiliği ve verdiğini başa kakan, içkiye düşkün olan ve kaderi inkâr eden kimse."[65]

عَنِ الْحَسَنِ قَالَ قَالَ رَسُولُ اللهِ ﷺ: مَا تَقُولُونَ فِي الزِّنَا وَالسِّرْقَةِ وَشُرْبِ الْخَمْرِ؟ قَالُوا: اَللهُ وَرَسُولُهُ اَعْلَمُ. قَالَ: هُنَّ فَوَاحِشُ وَفِيهِنَّ عُقُوبَاتٌ اَلَا اُنَبِّئُكُمْ بِاَكْبَرِ الْكَبَائِرِ؟ قَالُوا: وَمَا هُنَّ يَا رَسُولَ اللهِ؟ قَالَ الْإِشْرَاكُ بِاللهِ وَعُقُوقُ الْوَالِدَيْنِ وَقَوْلُ الزُّورِ.

104. Hasan-ı Basrî'den (rah) rivayet edildiğine göre, Resûlullah (s.a.v),

---

65 Taberânî, *el-Kebîr*, 8/287 (7938).

– *Zina, hırsızlık ve içki içme hakkında ne dersiniz?* diye sordu. Sahabeler,

– Allah ve Rasûlü daha iyi bilir, dediler. Resûlullah (s.a.v),

– *Bunlar dine uygun olmayan kötü fiilerdir ve bunlar hakkında ceza vardır.* Resûlullah (s.a.v), *"Size en büyük günahları bildireyim mi?"* diye sorunca,

– Nedir onlar ey Allah'ın Rasûlü? dediler. Resûlullah (s.a.v),

– *Allah'a şirk koşmak, anne baba haklarına itaat etmemek ve yalan sözdür,* buyurdu.[66]

∞

عَنْ يَزِيدِ بْنِ يَزِيدِ بْنِ جَابِرٍ قَالَ سَمِعْتُ مَكْحُولاً يَقُولُ: اَوْصَى رَسُولُ اللهِ ﷺ بَعْضَ أَهْلِهِ فَقَالَ: لاَ تُشْرِكْ بِاللهِ شَيْئًا وَإِنْ حُرِّقْتَ وَإِنْ عُذِّبْتَ وَلاَ تَعُقَّنَّ وَالِدَيْكَ وَإِنْ أَمَرَاكَ اَنْ تَخْتَلِعَ لَهُمَا مِنْ مَالِكَ فَانْخَلِعْ لَهُمَا وَلاَ تَدَعْ صَلاَةً مَكْتُوبَةً عَمْدًا فَإِنَّ مَنْ تَرَكَهَا عَمْدًا بَرِئَتْ مِنْهُ ذِمَّةُ اللهِ وَلاَ تَشْرَبْ الْخَمْرَ فَإِنَّهَا مِفْتَاحُ كُلِّ شَرٍّ وَإِيَّاكَ وَالْمَعْصِيَةَ فَإِنَّهَا مِنْ سَخَطِ اللهِ وَلاَ تَنَازَعْ اَلْأَمْرَ بِاَهْلِهِ وَإِنْ رَأَيْتَ اَنَّ لَكَ وَإِذَا كُنْتُ فِي قَوْمٍ كَثُرَ فِيهِمُ الْقَتْلُ اَوِ الْمَوْتُ فَثَبِّتْ وَإِيَّاكَ وَالْفِرَارَ مِنَ الزَّحْفِ وَأَنْفِقْ عَلَى اَهْلِكَ مِنْ طَوْلِكَ وَلاَ تَرْفَعْ عَصَاكَ عَنْهُمْ وَأَخِفْهُمْ فِي اللهِ.

---

66 Buhârî, *Edebu'l-Müfred,* (30).

105. Yezîd b. Yezîd b. Câbir'den (rah) rivayet edilmiştir: Mekhûl'un (rah) şöyle dediğini işittim: "Resûlullah (s.a.v), ehlinden bir kısmına şöyle vasiyette bulundu:

"Yakılsan da, işkence görsen de, Allah'a hiçbir şeyi ortak koşma! Anne-babanın hakkına itaatsizlik etme! Eğer anne baba; sahip olduğun mülkden kendilerine yardımda bulunmanı emrederlerse, onlara bağışta bulun! Bilerek (asla) farz namazı terk etme; çünkü kim namazı bilerek terk ederse, Allah'ın korumasından uzaklaşmış olur! (Sakın) İçki içme, çünkü o, bütün kötülüklerin anahtarıdır! Günah işlemekten kaçın, çünkü o, Allah'ı öfkelendiren şeylerdendir. Bir iş konusunda, (o işi iyi) bilenlerle tartışma! Öldürülmenin ya da ölümün çok olduğu bir topluluk içinde olduğunda, sebat et, ordudan kaçmaktan sakın! Yaşadığın sürece ailene infakta bulun, âsânı onların üstünden kaldırma, onları Aziz ve Celil olan Allah'ın hakkına riayet etmeleri için korkut!" [67]

◈

106. Amr b. Meymûn'dan (r.a) rivayet edilmiştir: "Hz. Musa (as), arşa tutunmuş bir adam gördü. Onun konumuna gıpta etti. Hz. Musa'ya (as),

– *Eğer dilersen, sana onun makamını bildiririz. Yine dilersen, sana onun amelini de bildiririz. Bu (adam), Allah'ın kendilerine lütfundan verdiklerinden dolayı insanlara haset etmez, insanlar arasında söz taşımaz ve anne babasına sövmezdi,* denildi. Musa (as),

– Ey Rabbim, kim anne babasına sövebilir? dedi. Allah (c.c.),

---

[67] İbni Mâce, Fiten, 2/1339 (4034); Buhârî, *Edebu'l-Müfred,* (18).

– (Kendi) Anne-babasına sövülünceye dek (bir kimsenin anne babasına) söven kimse, buyurdu.

و

107. Ebu Kuz'a (rah) bir adamdan rivayet etti: "(Yürürken) bir yola indik, geceleyin bir eşek anırtısı işittik. Bu sesin nedenini ahâliye sorunca sebebini şöyle anlattılar:

"Bu, bizden bir adamdı. Onun bir annesi vardı. Annesi ona bir şey dediğinde, annesine, "Eşeğin anırışı gibi anır" derdi. Öldüğünde, adamın anırtısını tâ kabrinden işittik (işittiğiniz anırma işte o adamın sesidir)"

و

108. Sâlim b. Ebi'l-Ca'd'ın, Abdullah b. Amr'dan (r.a) rivayet ettiğine göre Resûlullah (s.a.v) bir hadislerinde şöyle buyurmuştur: *"Anne babasına asi olan, içki içmeye devam eden, veled-i zina, iffetli-namuslu birine zina iftirasında bulunan, hicretten sonra bir insanı (kasten) öldüren kimse cennete giremez."* [68]

و

---

[68] Aclûnî, *Keşfü'l-Hafâ* adlı eserinde, "veled-i zina cennete giremez" sözü hakkında bazı izah ve nakillerde bulunmuştur. Bunlardan birinde, Hafız İbn Hacer el-Askalânî demiştir ki: Bu sözden maksat şudur: Veled-i zina olan kişi, anne ve babası gibi zina işlemeye devam ederse o da cennete giremez. Âlimler bu gibi hadislerde geçen "cennete giremez" ifadesini, "tövbe etmeden ölürse cennete giremez" ve "mutlaka cehenneme girer, oranın azabını hakkınca çeker ve eğer iman üzerine ölmüşse ondan sonra cennete girer" şeklinde açıklamışlardır. İzahlar için bkz.: Aclûnî, *Keşfü'l-Hafâ*, nr. 3113. Hadisin diğer kaynakları için bkz.: İbn Ebî Şeybe, *el-Musannef*, nr. 5466; Ahmed b. Hanbel, *el-Müsned*, 2/201. (Redaksiyon eden)

109. Said el-Mukbirî'den (rah) rivayet edildiğine göre, o, Selûlî'nin (rah) şöyle dediğini işitmiştir: Nevfel b. Musâhık (rah), Ka'bu'l-Ahbar'a (rah), "Anne-babaya itaatsizlik konusunda Allah'ın kitabında ne buluyorsunuz?" diye sordu. Ka'bu'l-Ahbâr (rah): "Sana söyleyeyim: Çocuk, anne babasına beddua ederse, Allah onu haklı çıkarmaz; istediğinde, Allah ona vermez. Emanet verdiğinde, kendisine geri dönmez. Karşılaştığı şeylerden dolayı Allah'a şikâyette bulunur. İşte bütün bunlar, itaatsizliktir" dedi.[69]

❦

110. Hasan-ı Basrî'nin (rah) şöyle dediği rivayet edilmiştir: "Akrabalar arasında yabancılaşma sonucunda (büyüklerle aradaki edep ve saygı sınırı kalktı) kişi, sultanın yanında babasıyla yanyana çok rahat bir halde oturur oldu."

❦

عَنِ ابْنِ مَسْعُودٍ قَالَ: اِنَّ مِنْ اَكْبَرِ الْكَبَائِرِ الْإِشْرَاكُ بِاللّٰهِ وَعُقُوقُ الْوَالِدَيْنِ وَالْيَمِينُ الْغَمُوسِ.

111. (Abdullah) İbn Mes'ud'dan (r.a) şöyle rivayet edilmiştir: "Şüphesiz Allah'a ortak koşmak, anne babaya itaatsizlik ve yalan yemin, en büyük günahlardandır."[70]

---

69 Abdurrezzâk, *Musannef*, (20131).

70 Buhârî, Edeb, 7/69; Müslim, İman, 1/92; Tirmizî, Birr ve's-Sıla, 4/314 (1902); Ahmed, *Müsned*, 2/164, 214; Buhârî, *Edebu'l-Müfred*, (27); İbni Ebi Şeybe, *Musannef*, 9/88 (6626).

AKRABAYI ZİYARET VE ZİYARETİ TERKETME

عَنْ عَبْدِ الرَّحْمٰنِ بْنِ عَوْفٍ قَالَ قَالَ رَسُولُ اللهِ ﷺ : قَالَ اللهُ
تَعَالَى: اَنَا الرَّحْمٰنُ خَلَقْتُ الرَّحِمَ وَاشْتَقَقْتُ لَهَا مِنْ اسْمِي
فَمَنْ وَصَلَهَا وَصَلْتُهُ وَمَنْ قَطَعَهَا بَتَّهُ.

112. Abdurrahman b. Avf (r.a), Resûlullah'ın (s.a.v) şöyle buyurduğunu rivayet etti: "Allah-u Teâlâ şöyle buyurdu: *"Ben Rahmân'ım, akrabalığı/yakınlığı yarattım. Onu kendi ismimden türettim. O halde kim akrabalık bağlarını devam ettirirse, ben de onunla ilgi kurarım. Kim de akrabalık bağlarını koparırsa, ben de kesinlikle onunla ilgimi koparırım."* [71]

---

[71] Rahim, kelime olarak rahmet'ten gelir; rahmet, "acımak", "şefkat duymak" mânalarını taşır. Türkçemizde 'sıla-i rahim' tabiri içerisinde rahim şeklinde kullanılan bu kelime; akrabalık, hısımlık, yakınlık, kuvvet gibi farklı kelimelerle dile getirilen beşerî yakınlığı ifâde eder. Tabir olarak, kısaca akrabalara kavuşmak manasına gelir. Sıla-i rahim tabiri şefkat, merhamet, yardım, görüşme, ziyaret gibi değişik mânalarda da kullanılmıştır. Daha değişik ifade ile yakınlarımıza karşı dinimizin bize yüklemiş olduğu bir kısım vazifelerimiz vardır ki, bunların yerine getirilip ifa edilmesine sıla-i rahim denmiştir. Ebû Dâvûd, Zekât, 2/133 (1695); Ahmed, *Müsned,* 1/194; Hâkim, *Müstedrek,* 4/157; Abdurrezzâk, *Musannef,* 11/171 (20234).

عَنْ عَبْدِ الرَّحْمٰنِ بْنِ عَوْفٍ يَقُولُ إِنَّهُ سَمِعَ رَسُولَ اللّٰهِ ﷺ يَقُولُ: قَالَ اللّٰهُ عَزَّ وَجَلَّ: اَنَا الرَّحْمٰنُ خَلَقْتُ الرَّحِمَ اشْتَقَقْتُ لها مِنْ اسْمِي فَمَنْ وَصَلَهَا وَصَلْتُهُ وَمَنْ قَطَعَهَا بَتَتُّهُ.

113. Abdurrahman b. Avf'dan (r.a) rivayet edildiğine göre, o, Resûlullah'ın (s.a.v) şöyle buyurduğunu işitmiştir: "Aziz ve Yüce olan Allah şöyle buyurdu:

"Ben Rahmân'ım, akrabalığı/yakınlığı yarattım. Onu kendi ismimden türettim. O halde kim akrabalık bağlarını devam ettirirse, ben de onunla ilgi kurarım. Kim de akrabalık bağlarını koparırsa, ben de kesinlikle onunla ilgimi koparırım." [72]

عَنْ أَبِي سَلَمَةَ بْنِ عَبْدِ الرَّحْمٰنِ قَالَ: اشْتَكَى اَبُو الــرَّدَّادِ فَعَادَهُ عَبْدُ الرَّحْمٰنِ بْنِ عَوْفٍ فَقَالَ: خَيْرُهُمْ وَاَوْصَلُهُمْ مَا عَلِمْتُ اَبَاو مُحَمَّدٍ فَقَالَ عَبْدُ الرَّحْمٰنِ سَمِعْتُ رَسُولَ اللّٰهِ ﷺ يَقُولُ: قَالَ اللّٰهُ تَعَالَى: اَنَا اللّٰهُ وَاَنَا الرَّحْمٰنُ خَلَقْتُ الرَّحِمَ وَاشْتَقَقْتُ لَهَا مِنْ اسْمِي فَمَنْ وَصَلَهَا وَصَلْتُهُ وَمَنْ قَطَعَهَا بَتَتُّهُ.

114. Ebu Seleme b. Abdurrahman'dan (rah) rivayet edilmiştir: "Ebu'r-Reddâd (r.a) hastalanmıştı. Bunun üzerine Abdurrahman b. Avf (r.a) onu ziyarete gitti. Ebu'r-Reddâd (r.a) şöyle dedi:

---

[72] Ahmed, *Müsned,* 1/194; Hâkim, *Müstedrek,* 4/158; Buhârî, *Edebu'l-Müfred,* (53).

– Bildiğim kadarıyla insanların en hayırlısı ve en çok sı-la-i rahimde bulunanı Ebû Muhammed'dir (yani Abdurrahman b. Avf)."

Ardından Abdurrahman (r.a) şöyle dedi: "Resûlullah'ın (s.a.v) şöyle buyurduğunu işittim:

"Allah-u Teâlâ şöyle buyurdu: *"Allah benim, Rahman da benim. Akrabalığı/yakınlığı da ben yarattım ve onu kendi is-mimden türettim. O halde kim akrabalık bağlarını devam et-tirirse, ben de onunla ilgi kurarım. Kim de akrabalık bağlarını koparırsa, ben de kesinlikle onunla ilgimi koparırım."* [73]

ـﭼ

115. Ca'fer b. Hayyan'dan (rah) rivayet edildiğine göre, Hasan-ı Basrî'ye (rah): "Akrabanın hakkı nedir?" diye soruldu. "Yoksun bırakmamak ve terk etmemektir" dedi.

ـﭼ

حَدَّثَنِي سُوَيْدُ بْنِ عَامِرٍ قَالَ قَالَ رَسُولُ اللهِ ﷺ : بِلُّوا أَرْحَامَكُمْ وَلَوْ بِالسَّلَامِ.

116. Süveyd b. Âmir (r.a) bana Resûlullah'ın (s.a.v) şöyle buyurduğunu rivayet etti: *"Selâmla dahi olsa, akra-balarınızla ilişkilerinizi taze tutun."*

ـﭼ

117. Umâra el-Ma'velî (rah) dedi ki: Hasan-ı Basrî'ye (rah), iyiliğin ne olduğunu sordum;

– Sevgi ve fedakârlıktır[74]. Ben, "İtaatsizlik nedir?" dedim.

– Anne babayı terk etmen ve yoksun bırakmandır, diyerek cevap verdi.

Hasan-ı Basrî (rah) sonra, (anneye yapılan iyiliğin çok mühim olduğuna işaret ederek) şöyle dedi: "Annenin yüzüne bakmak bile ibadet iken, ona iyilikte bulunma mükâfatı nasıldır!

وعد

اَخْبَرَنَا مُجْمَعُ بْنِ يَحْيَى قَالَ حَدَّثَنِي رَجُلٌ أَنَّ رَجُلاً قَالَ: يَا
رَسُولَ اللهِ اِنَّ رَحِمِيَّ قَدْ رَفَضُونِي وَقَطَعُونِي فَاَرْفِضُهُمْ كَمَا
رَفَضُونِي وَاَقْطَعَهُمْ كَمَا قَطَعُونِي. قَالَ: اِذَا يَرْفِضُكُمُ اللهُ جَمِيعًا
وَاِنْ اَنْتَ وَصَلْتَ وَقَطَعُوكَ كَانَ مَعَكَ مِنَ اللهِ ظَهِيرٌ عَلَيْهِمْ.

118. Mucme' b. Yahya (rah) bize bildirdiğine göre, bir adam ona şunu rivayet etti: Bir adam: "Ey Allah'ın Rasûlü, şüphesiz akrabalarım beni reddettiler ve benimle ilişkilerini kestiler. Ben de onların beni reddettikleri gibi onları reddedip, onların benimle ilişkiyi kestikleri gibi onlarla ilişkiyi keseyim mi?" diye sordu. Resûlullah (s.a.v):

"O zaman Allah hepinizi reddeder. Eğer sen onları ziyaret eder ve onlar da seninle ilişkiyi keserlerse, senin onların karşısında Allah katında şahidin vardır" buyurdu.[75]

وعد

119. Muhammed b. Cübeyr b. Mut'im'den (rah) rivayet edildiğine göre, Ömer b. el-Hattâb (r.a) şöyle dedi:

---

74 Fedakârlık: Esirgemeden vermek.

75 Müslim, Birr ve's-Sıla, 4/1982 (2558); Ahmed, *Müsned*, 2/181, 208.

"Neseplerinizi öğrenin, sonra da akrabalarınızı ziyaret edin. Allah'a yemin olsun ki, bir adamla kardeşi arasında bir şey olduğunda, kendisi onunla aynı rahimden olduğunu bilirse, onu karalamaktan kaçınır." [76]

❧

عَنْ مُحَمَّدِ ابْنِ جُبَيْرِ بْنِ مُطْعِمٍ عَنْ اَبِيهِ عَنِ النَّبِيِّ ﷺ قَالَ: لَا يَدْخُلُ الْجَنَّةَ قَاطِعٌ.

120. Muhammed b. Cübeyr b. Mut'im (rah), babasından rivayet ettiğine göre, Resûlullah (s.a.v) şöyle buyurdu: *"Sıla-i rahmi kesen (akrabayı ziyareti terk eden) cennete giremez."* [77]

❧

عَنْ اَبِي هُرَيْرَةَ عَنِ النَّبِيِّ ﷺ قَالَ اِنَّ اللهَ عَزَّ وَجَلَّ خَلَقَ الْخَلْقَ حَتَّى اِذَا فَرَغَ مِنْ خَلْقِهِ قَامَتُ الرَّحِمُ فَقَالَتْ يَا رَبِّ هَذَا مَقَامُ الْعَائِذِ بِكَ مِنَ الْقَطِيعَةِ قَالَ اَلَا تَرْضَيْنَ اَنْ اَقْطَعَ مَنْ قَطَعَكِ وَاَصِلَ مَنْ وَصَلَكِ قَالَتْ بَلَى يَا رَبِّ قَالَ فَهُوَ لَكِ فَقَالَ رَسُولُ اللهِ اقْرَءُوا اِنْ شِئْتُمْ فَهَلْ عَسَيْتُمْ اِنْ تَوَلَّيْتُمْ اَنْ تُفْسِدُوا فِي الْاَرْضِ وَتُقَطِّعُوا اَرْحَامَكُمْ أُولَئِكَ الَّذِينَ لَعَنَهُمُ اللَّهُ فَاَصَمَّهُمْ وَاَعْمَى اَبْصَارَهُمْ الْاٰيَةَ.

---

76   Buhârî, *Edebu'l-Müfred,* (72); Tirmizî, 4/351 (1979); Ahmed, *Müsned,* 2/374.

77   Buhârî, Edeb, 4/414 (5984); Müslim, Birr ve's-Sıla, 4/1981, 1982 (2556); Tirmizî, Birr ve's-Sıla, 4/316 (1909); Ahmed, *Müsned,* 4/80, 84; Beyhâkî, *Sünen,* 7/27; Buhârî, *Edebu'l-Müfred,* (64); Abdurrezzâk, *Musannef,* 11/173 (20238).

121. Ebû Hüreyre'den (r.a) rivayet edildiğine göre, Resûlullah (s.a.v) şöyle buyurdu:

"Şüphesiz Aziz ve Yüce olan Allah mahlûkatı yarattı. Yaratma olayı tamamlandığında, Rahim (akrabalık bağı) ayağa kalktı ve, «Ey Rabbim! Bu, (akrabalık ilişkilerini) kesmekten (korkan) kişilerin sana sığındığı makamdır» dedi. Bunun üzerine Allah (c.c), «Seninle ilişkiyi kesenle ilişkiyi kesmeme, seninle ilişkide bulunanla ilişkide bulunmama râzı değil misin?» diye sordu. Sıla-i rahm, «Evet, ya Rabbi (razıyım)» dedi. Allah (c.c), «O halde bu sana verilmiştir» buyurdu. Ardından Resûlullah (s.a.v),

"İsterseniz şu âyeti okuyun" buyurdu: *"Geri dönerseniz, yeryüzünde bozgunculuk yapmaya ve akrabalık bağlarını kesmeye dönmüş olmaz mısınız? İşte bunlar, Allah'ın kendilerini lânetlediği, sağır kıldığı ve gözlerini kör ettiği kimselerdir."* (Muhammed 47/22-23) [78]

---

[78] "Rahimin ayağa kalkması ve konuşması üç şekilde izah edilmiştir:
1. Hakikaten ayağa kalkıp konuşmak olur ki, Allah'ın izni ile rahim konuşur.
2. Bir melek ayağa kalkıp rahim adına konuşur.
3. Bu ifade Rahimin önemini belirtmek için bir temsil olur. Netice itibariyle akrabalık bağlarını kesmeyenin fazileti ile bu bağları kesenin günahkârlığı ortaya çıkar." (*Edebu'l-Müfred*, İmam Buhârî, (trc. ve şerh: Ali Fikri Yavuz), Alperen Yayınları, Ankara, 2002, s. 57)
Buhârî, Tefsir, 8/580 (4832); Edeb, 10/417 (5987); Tevhid, 13/465 (7502); Müslim, Birr ve's-Sıla, 4/1980 (2554); Ahmed, *Müsned,* 2/330; Buhârî, *Edebu'l-Müfred,* (50); Beyhâkî, *Sünen,* 7/26.

عَنْ مُجَاهِدٍ قَالَ سَمِعْتُ عَبْدَ اللهِ بْنِ عَمْرِو بْنِ الْعَاصِ يَقُولُ
قَالَ رَسُولُ اللهِ ﷺ: الرَّحِمُ مُعَلَّقَةٌ بِالْعَرْشِ وَلَيْسَ الْوَاصِلُ
بِالْمُكَافِئِ وَلَكِنَّ الْوَاصِلَ مَنْ إِذَا انْقَطَعَتْ رَحِمُهُ وَصَلَهَا.

122. Mücahid'in (rah), Abdullah b. Amr b. el-Âs'ın'tan (r.a) rivayet ettiğine göre Resûlullah (s.a.v) şöyle buyurmuştur:

"(Sıla-i) Rahim, Arş'ta asılıdır. İlişkide (sıla-i rahimde) bulunan, (kendisine yapılan ziyaretin) karşılığını yapan demek değildir. Gerçekten ilişkide bulunan, kendisiyle bağlarını kesenlerle ilişkisini devam ettirendir." [79]

❧

حَدَّثَنَا جَرِيرُ بْنِ حَازِمٍ قَالَ سَمِعْتُ الْحَسَنَ يَقُولُ قَالَ رَسُولُ
اللهِ ﷺ: إِنَّ لِلرَّحِمِ حَجَبَةٌ تَدْنُو بِهَا مِنَ اللهِ عَزَّ وَجَلَّ.

123. Bize Cerîr b. Hâzim'in (rah) rivayet ettiğine göre, Hasan-ı Basrî (rah) Resûlullah'ın (s.a.v) şöyle buyurduğunu rivayet etmiştir:

"Şüphesiz (sıla-i) rahimin muhafızları vardır ki onlar, (onlar kişiyi) sıla-i rahimle Allah'a yaklaştırırlar."

❧

---

79 Buhârî, Edeb, 10/423 (5991); Ebû Dâvûd, Zekât, 2/133 (1697); Tirmizî, Birr ve's-Sıla, 4/316 (1908); Ahmed, *Müsned,* 2/163, 190, 193; Buhârî, *Edebu'l-Müfred,* (68); Ebu Nuaym, *Hilye,* 3/302; İbni Ebi Şeybe, *Musannef,* 8/539; Beyhâkî, *Sünen,* 7/27.

124. Atâ b. Züheyr b. el-Esbağ el-Âmirî (rah), babasından rivayet ediyor: "Bir gün Abdullah b. Amr'a (r.a),

– Bana sıla-i rahimden bahset, dedim. Bunun üzerine Abdullah (r.a),

– Kıyamet günü Allah Teâlâ sıla-i Rahmi, güzel konuşan, Allah'a yalan söylemeyen ve kendini yalanlamayan bir dil ile yaratır. Eğer o, «Ey Rabbim! Bu kişi sıla-i rahimde bulundu» derse, Allah da ona rahmet ve ikramda bulunur. Eğer o, «Ey Rabbim, bu kişi sıla-i rahmi (akrabalarıyla ilişkilerini) kesti» derse, Allah Teâlâ ona rahmette bulunmaz ve onun sözünü dinlemez, dedi.

Bunun üzerine ben,

– Allah'a yemin olsun ki, bütün akrabalarımızla sıla-i rahimde bulunmaya güç yetiremeyiz, dedim.

Abdullah (r.a),

– Her kim bu hususta taksir gösterirse, bana onun (bahanesi) ulaştırılmasın, dedi. [80]

✺

125. Abdulvehhab el-Haffâf (rah), Ahdar b. Aclân'dan (rah) yukarıdaki haberin bir benzerini rivayet etmiştir.

✺

126. Ma'mer'den (rah) rivayet edildiğine göre, Katâde (rah), *"(Allah'ın rızasını gözeterek) yakınlara, yetimlere, yoksullara, yolda kalmışlara, dilenenlere ve kölelere sevdiği maldan harcar, namaz kılar, zekât verir..."* (Bakara 2/177) âyetinin tefsiri hakkında şöyle demiştir:

---

[80] Buhârî, *Edebu'l-Müfred*, (54); Abdurrezzâk, *Musannef*, 11/173 (20240).

"Eğer senin akraban var ve ona sıla-i rahimde bulunmamış, onun yanına gitmemişsen, kuşkusuz onunla ilişkini kesmişsindir."

❦

عَنْ فِطْرٍ سَمِعَ مُجَاهِدًا يُخْبِرُ عَنِ النَّبِيِّ ﷺ اَنَّهُ قَالَ: لَيْسَ الْوَاصِلُ بِالْمُكَافِئِ وَلَكِنَّ الْوَاصِلَ مَنْ اِذَا انْقَطَعَتْ رَحِمَهُ وَصَلَهَا.

127. Fıtr (b. Halife) (rah), Mücâhid'den (rah) rivayet ettiğine göre, Resûlullah (s.a.v) şöyle buyurmuştur:

"Sıla-i rahimde bulunan kimse, (kendisine yapılan ziyaretin) karşılığını yapan kişi demek değildir. Gerçekten Sıla-i rahimde bulunan, kendisiyle ilişkiyi kesenlerle ilişkisini devam ettirendir." [81]

❦

عَنْ عَبْدِ اللّٰهِ بْنِ عَمْرٍو قَالَ قَالَ رَسُولُ اللّٰهِ ﷺ : اَلرَّاحِمُونَ يَرْحَمُهُمُ الرَّحْمَنُ ارْحَمُوا اَهْلَ الْاَرْضِ يَرْحَمْكُمْ اَهْلُ السَّمَاءِ الرَّحِمُ شُجْنَةٌ مِنَ الرَّحْمَنِ فَمَنْ وَصَلَهَا وَصَلَهُ وَمَنْ قَطَعَهَا قَطَعَهُ اللّٰهُ. قَالَ سُفْيَانُ الشُّجْنَةُ الشَّيْءُ الْمُلْتَزِقُ.

128. Abdullah b. Amr'dan (r.a) rivayet edildiğine göre, Resûlullah (s.a.v) şöyle buyurdu:

"Merhametlilere, Rahmân (olan Allah) merhamet eder. (Siz) Yeryüzündekilere merhamet edin ki, göktekiler de si-

---

81 Ebu Nuaym, *Hilye*, 8/129.

ze merhamet etsin. Rahm (sıla-i rahim), Rahman (olan Al-
lah)'tan bir bağdır (şücne). Kim ki akrabalık bağlarını de-
vam ettirirse, Allah onunla ilgilenir. Kim de akrabalık bağ-
larını koparırsa, Allah da onun rahmet bağını koparır."

Ravilerden Süfyân (rah) demiştir ki: "Bağ (şücne), (bir
şeyi) tutturan şeydir." [82]

✾

عَنْ هِشَامِ بْنِ عُرْوَةَ عَنْ اَبِيهِ عَنْ أُمِّهِ قَالَتْ : اَتَتْنِي أُمِّي وَهِيَ

رَاغِبَةٌ فِي عَهْدِ قُرَيْشٍ فَسَاَلْتُ النَّبِيَّ ﷺ : اَفَاَصِلُهَا ؟ قَالَ: نَعَمْ.

129. Hişâm b. Urve (rah), babasından, o da annesinden
(Esmâ binti Ebû Bekir) rivayet etmiştir: "Annem yanıma gel-
di; kendisi Kureyş'in dini üzerinde kalmayı ısrar ediyordu
(henüz müşrikti). Bunun üzerine ben Resûlullah'a (s.a.v),

– Onu ziyaret edeyim mi? diye sordum. Resûlullah
(s.a.v),

– Evet, buyurdu.[83]

✾

عَنْ مُحَمَّدِ ابْنِ جُبَيْرِ بْنِ مُطْعِمٍ عَنْ اَبِيهِ عَنِ النَّبِيِّ ﷺ قَالَ: لَا

يَدْخُلُ الْجَنَّةَ قَاطِعٌ.

82 Ebû Dâvûd, Edeb, 4/285 (4941); Tirmizî, Birr ve's-Sıla, 4/323 (1924);
İbni Ebi Şeybe, Musannef, 8/338 (5407).

83 Buhârî, Edeb, 10/4130 (5978); Cizye, (3183); Hibe, (2620); Müslim,
Zekat, 1/696 (1003); Ebû Dâvûd, Zekat, 9/307 (1668); Ahmed, Müs-
ned, 6/344, 355; Buhârî, Edebu'l-Müfred, (25); Taberânî, el-Kebîr,
24/78-79 (204, 205, 207, 208); Humeydî, Müsned, 1/152 (318).

130. Muhammed b. Cübeyr b. Mut'im (rah), babasından rivayet ettiğine göre, Resûlullah (s.a.v) şöyle buyurmuştur: *"Sıla-i rahmi kesen (akrabayı ziyareti terk eden) cennete giremez."* [84]

☙

131. Câmi' b. Ebû Râşid'den (rah) rivayet edildiğine göre, o, Meymûn b. Mihrân'ı (rah) şöyle derken işitmiştir: "Şu üç şeyi gözetmek hususunda iyi ve kötü kişiler eşittir: İyi veya kötü olsun akarabayı ziyaret etmek. Sahibi ister iyi ister kötü olsun, alınan emaneti yerine getirmek. Söz verilen kişi iyi veya kötü birisi olsun o sözü tutmak."

☙

132. Bişr b. es-Sırrî'den (rah) rivayet edildiğine göre, Abdullah b. Mervân (rah) şöyle anlatmıştır: "Ben Mücâhid'e (rah),

– Müşriklerden bir adamla aramızda akrabalık var ve onun bende malı var. Malını ona iade edeyim mi?, diye sordum. Mücâhid (rah),

– Evet (iade et) ve onu ziyaret et, dedi.

☙

سَمِعْتُ مُحَمَّدَ بْنَ كَعْبٍ الْقُرَظِيَّ قَالَ سَمِعْتُ أَبَا هُرَيْرَةَ يَقُولُ
سَمِعْتُ مِنْ فَمِ رَسُولِ اللهِ ﷺ يَقُولُ: إِنَّ الرَّحِمَ شُجْنَةٌ مِنَ الرَّحْمٰنِ
تَقُولُ يَا رَبِّ إِنِّي ظُلِمْتُ إِنِّي قُطِعْتُ يَا رَبِّ إِنِّي أُسِيءَ إِلَيَّ
فَيُجِيبُهَا اَلاَ تَرْضَيْنَ اَقْطَعَ مَنْ قَطَعَكِ وَاَصِلَ مَنْ وَصَلَكِ.

---

84 Buhârî, Edeb, 4/414 (5984); Müslim, Birr ve's-Sıla, 4/1981, 1982 (2556); Tirmizî, Birr ve's-Sıla, 4/316 (1909); Ahmed, *Müsned*, 4/80, 84; Buhârî, *Edebu'l-Müfred*, (64); Beyhâkî, *Sünen*, 7/27; Abdurrezzâk, *Musannef*, 11/173 (20238).

133. Ebû Hüreyre (r.a) anlatıyor: "Resûlullah'ı (s.a.v)
şöyle buyururken işittim:

*"Şüphesiz akrabalık bağı (rahm), Rahman (olan Al-
lah)'dan bir bağdır (ondan ayrılmaz). Sıla-i rahim, «Yâ Rab-
bi, bana zulmedildi. Terkedildim. Bana şöyle şöyle haksız-
lık yapıldı» der. Bunun üzerine Allah Teâlâ, «Seninle ilişki-
yi kesenden (sıla-i rahmi koparandan) benim de rahmetimi
kesmemden ve senin hakkını verene (sıla-i rahimde bulu-
nana) benim de rahmette bulunmamdan râzı değil misin?»
diyerek ona icabet eder."* [85]

عَنْ اَبِي بَكْرَةَ قَالَ قَالَ رَسُولُ اللهِ ﷺ: مَا مِنْ ذَنْبٍ اَجْدَرُ اَنْ
يُعَجِّلَ اللّٰهُ الْعُقُوبَةَ لِصَاحِبِهِ فِي الدُّنْيَا مَعَ مَا يَدَّخِرُ لَهُ فِي
الْاٰخِرَةِ مِنَ الْبَغْيِ وَقَطِيعَةِ الرَّحِمِ.

134. Ebu Bekre'den (r.a) rivayet edildiğine göre, Re-
sûlullah (s.a.v) şöyle buyurmuştur: *"Ahirette kendisine ha-
zırlanan azapla birlikte, daha dünyada iken kişiye Allah'ın
acele olarak vereceği cezanın (sebeb olarak) şunlardan
daha layık bir günah yoktur: Akraba ile ilgiyi kesmek ve
zulmetmek.*

عَنْ عَبْدِ اللهِ ابْنِ اَبِي اَوْفَى قَالَ قَالَ رَسُولُ اللهِ ﷺ: لاَ تَنْزِلُ الرَّحْمَةَ
عَلَى قَوْمٍ وَفِيهِمْ قَاطِعٌ. فَقَالَ رَجُلٌ مِنْ جُلَسَائِهِ: يَا رَسُولَ اللهِ اِنَّ

---

85 Buhârî, Edeb, 10/417 (5988); Hâkim, *Müstedrek*, 4/162; Ahmed,
Müsned, 2/295, 383, 406, 455; Buhârî, *Edebu'l-Müfred*, (65); İbni
Ebi Şeybe, *Musannef*, 8/350 (5446).

لِي خَالَةٌ لَمْ اَكُنْ اُكَلِّمُهَا. فَقَالَ رَسُولُ اللهِ ﷺ : قُمْ فَكَلِّمْهَا.

135. Abdullah b. Ebû Evfâ'dan (r.a) rivayet edildiğine göre, Resûlullah (s.a.v) şöyle buyurmuştur:

– Aralarında sıla-i rahmi (akraba ziyaretlerini) kesenlerin olduğu bir topluluğa rahmet inmez.

Bunun üzerine Resûlullah (s.a.v) ile birlikte oturanlardan bir adam,

– Ey Allah'ın Rasûlü, benim bir teyzem var, fakat kendisiyle konuşmuyorum (ilişkimi kestim)! dedi. Resûlullah (s.a.v),

– Kalk ve hemen onunla konuş, buyurdu.

❦

136. Huseyf'in (rah) rivayet ettiğine göre, İkrime (rah), *"...Adını kullanarak birbirinizden dilekte bulunduğunuz Allah'tan ve akrabalık haklarına riayetsizlikten de sakının..."* (Nisâ 4/1) âyetin tefsiri hakkında, "Allah'tan korkun ve akrabaların haklarını çiğnemekten, onlarla ilişkiyi kesmekten sakının" demiştir.[86]

❦

137. Câmi' b. Ebû Reşid'den (rah) rivayet edildiğine göre, Meymûn b. Mihrân (rah) şöyle demiştir: "Üç şey vardır ki, müslüman ve kâfir onda eşittir: Müslüman ya da kâfir olsun, kime söz verdiysen/sözleşme yaptıysan, sözünü tut; çünkü (verilen) söz Aziz ve Yüce olan Allah içindir.

---

[86] İbni Cerîr, *et-Tefsir*, 4/152.

Müslüman ya da kâfir kimin akrabası varsa, onu ziyaret etsin. Müslüman ya da kâfir olsun, kim sana bir şey emânet ettiyse, onu (güzel bir şekilde) koru ve iade et."

∞

138. Mansûr'dan (rah) rivayet edildiğine göre, Hasanı Basrî (rah), Allah'ın *"...Adını kullanarak birbirinizden dilekte bulunduğunuz Allah'tan ve akrabalık haklarına riayetsizlikten de sakının..."* (Nisâ 4/1) âyetinin tefsiri hakkında, "Allah'tan ve akrabalarla ilişkiyi kesmekten ve onların haklarını zayi etmekten korkun" demiştir. [87]

∞

139. Mansûr'dan (rah) rivayet edildiğine göre, İbrâhim en-Nehâî (rah), Allah Teâlâ'nın, *"...Adını kullanarak birbirinizden dilekte bulunduğunuz Allah'tan ve akrabalık haklarına riayetsizlikten de sakının..."* (Nisâ 4/1) âyetinin tefsiri hakkında, "Nitekim kimi zaman sen, «Allah için ve akrabalık hakkı için senden istiyorum» dersin" dedi.[88]

∞

140. İbn Nüceyh (rah), Mücahid'den (rah) aynı haberin benzerini rivayet etmiştir. [89]

∞

141. Ma'mer'den (rah) rivayet edildiğine göre, Hasanı Basrî de (rah) yukarıda geçen âyetin tefsiri için aynı manada değişik bir söz söylemiştir.[90]

---

[87] İbni Cerîr, *et-Tefsir,* 4/152.
[88] İbni Cerîr, *et-Tefsir,* 5/151.
[89] İbni Cerîr, *et-Tefsir,* 4/151.
[90] İbni Cerîr, *et-Tefsir,* 40151.

ANNE-BABAYA,
ÇOCUKLARA İYİLİK

142. Âsım b. Süleyman'dan (rah) rivayet edildiğine göre, Müslim b. Abdullah el-Hanefî (rah) şöyle dedi: "Çocuğuna iyilikte bulun. Çünkü o, iyilikte bulunmana en lâyık kişidir. Şüphesiz kim çocuğunu (sevmez) kızarsa, çocuğu kendisine âsi olur."

❧

143. Hassân b. Atiyye (rah), Ebu'd-Derdâ'nın (r.a) şöyle dediğini rivayet etmiştir: "Çocukları dilediğiniz şekilde deneyin. Bu, onlar için (doğruyu bulma konusunda) bir imtihandır."

❧

144. İbn Avn (rah), Muhammed b. Sirin'in şöyle dediğini rivayet etti: "Bizden öncekiler şöyle derlerdi: 'Arkadaşına, ona zor gelecek şekilde ikramda bulunma; çocuğuna ikramda bulun ve onu güzel bir şekilde terbiye et.'

❧

عَنْ ابْنِ عَبَّاسٍ قَالَ قَالَ رَسُولُ اللهِ ﷺ: مَا مِنْ رَجُلٍ تُدْرِكُ لَهُ
ابْنَتَانِ فَيُحْسِنُ اِلَيْهِمَا مَا صَحِبَتَاهُ اَوْ قَالَ فَاَصْحَبَهُمَا اِلَّا
اَدْخَلَتَاهُ الْجَنَّةَ.

145. İbn Abbas'dan (r.a) rivayet edildiğine göre, Resûlullah (s.a.v) şöyle buyurdu: *"Her kimin ergerlik çağına varan iki kızı olur da, yanında kaldıkları (veya kendisi onların yanında kaldığı) müddetçe onlara iyi davranırsa, (bu kızlar) onun cennete girmesine vesile olurlar."* [91]

❧

عَنْ سَالِمِ بْنِ اَبِي الْجَعْدِ قَالَ قَالَ رَسُولُ اللهِ: لَا تُكْرِهُوا الْبَنَاتِ
فَاِنَّهُنَّ الْمُجَهِّزَاتُ الْمُؤْنِسَاتُ.

146. Sâlim b. Ebu'l-Ca'd'dan (r.a) rivayet edildiğine göre, Resûlullah (s.a.v) şöyle buyurdu: *"Kızlarınızı zorlamayınız, çünkü onlar, ünsiyet ve muhabbetin sebebi, kemale erişin vesilesidirler."* [92]

❧

عَنِ الزُّهْرِيِّ قَالَ قَالَ رَسُولُ اللهِ ﷺ: مَنْ كَانَتْ لَهُ بِنْتَانِ فَصَبَرَ عَلَى
لَاوَائِهِمَا وَنَفَقَتُهُ عَلَيْهِمَا كَانَتْ لَهُ بِنَفَقَتِهِ عَلَيْهِمَا الْجَنَّةُ.

147. Zührî'den (rah) rivayet edildiğine göre, Resûlullah (s.a.v) şöyle buyurmuştur: *"Kimin iki kızı olup, onların ihtiyaçlarını giderip nafaklarını temin etse ve onları barındırıp*

---

91 İbni Mâce, Edeb, 2/1210 (3670); Ahmed, *Müsned*, 1/235; İbni Ebi Şeybe, *Musannef*, 8/363 (5489); Hâkim, *Müstedrek*, 4/178.

92 Ahmed, *Müsned*, 4/151; Taberânî, *el-Kebîr*, 17/310 (856).

(iffetlerini koruyup) sabrederse, onlar için yaptığı harcama sonucunda ona cennet verilir."[93]

❧

عَنْ عُرْوَةَ بْنِ الزُّبَيْرِ عَنْ عَائِشَةَ قَالَتْ: دَخَلَتِ امْرَأَةٌ وَمَعَهَا بِنْتَانِ لَهَا فَلَمْ تَجِدْ عِنْدِي غَيْرَ تَمْرَةٍ فَأَعْطَيْتُهَا فَقَسَمَتْهَا بَيْنَ ابْنَتَيْهَا وَلَمْ تَأْكُلْ مِنْهَا شَيْئًا ثُمَّ قَامَتْ فَخَرَجَتْ فَدَخَلَ عَلَيَّ النَّبِيُّ ﷺ فَأَخْبَرْتُهُ بِذَلِكَ فَقَالَ: مَنِ ابْتُلِيَ بِشَيْءٍ مِنْ هَذِهِ الْبَنَاتِ كُنَّ لَهُ سِتْرًا مِنَ النَّارِ.

148. Hz. Âişe (r.anh) anlatıyor: "Bir kadın, iki kızıyla birlikte yanıma geldi (yiyecek bir şeyler istedi). Yanımda bir hurmadan başka bir şey bulamadı. Bunun üzerine o hurmayı da ona verdim. Kadın onu iki kızı arasında paylaştırdı. Kendisi bu hurmadan hiçbir parça almadı. Sonra kalktı ve çıktı (gitti). Ardından Resûlullah (s.a.v) yanıma geldi. Ona, bu olayı anlattım. Bunun üzerine Resûlullah (s.a.v),

"Kim kızlarından herhangi bir şeyle imtihan edilirse, (onlar için katlandığı zorluklar, fedakârlıklar sonucunda) onlar o kimse için cehenneme karşı bir örtü olur," buyurdu.[94]

❧

149. Haccâb b. Ebû Munî' (rah), dedesinden, o da Zührî'den (rah) hadisin benzerini rivayet etmiştir.

---

[93] Ahmed, *Müsned,* 2/335; İbni Ebi Şeybe, *Musannef,* 8/365; Hâkim, *Müstedrek,* 4/176.

[94] Buhârî, Zekât, 3/283 (1418); Müslim, Birr ve's-Sıla, 4/2027 (2629); Tirmizî, Birr ve's-Sıla, 4/319 (1913, 1915); Ahmed, *Müsned,* 6/33, 166.

☙

عَنْ أَبِي سَعِيدٍ الْخُدْرِيِّ قَالَ قَالَ رَسُولُ اللهِ ﷺ: مَنْ كَانَتْ لَهُ ثَلَاثُ
اَخَوَاتٍ اَوْ ثَلَاثُ بَنَاتٍ اَوْ اُخْتَانِ فَاَحْسَنَ صُحْبَتَهُنَّ وَاَتَّقَى اللهَ
فِيهِنَّ فَلَهُ الْجَنَّةُ.

150. Ebu Saîd el-Hudrî'den (r.a) rivayet edildiğine gö-
re, Resûlullah (s.a.v) şöyle buyurdu: *"Kim üç kızkardeşini
ya da üç kızını veya iki kızkardeşini (yetiştirir) onlara güzel
bir şekilde refakat eder (öncülük eder) ve onlar hakkında
Allah'tan korkarsa, o kimse için cennet vardır."* [95]

☙

عَنْ سُرَاقَةَ بْنِ جُعْشُمٍ اَنَّ رَسُولَ اللهِ ﷺ قَالَ: يَا سُرَاقَةُ اَلَا اَدُلُّكَ
عَلَى اَعْظَمِ الصَّدَقَةِ اَوْ قَالَ اَعْظَمَ مِنَ الصَّدَقَةِ؟ قَالَ: يَا رَسُولَ
اللهِ بَلَى. قَالَ: اَنْ تُكْرِمَ مَرْدُودَةً اِلَيْكَ لَيْسَ لَهَا كَاسِبٌ غَيْرَكَ.

151. Sürâkâ b. Cü'şum'dan (r.a) rivayet edildiğine gö-
re, Resûlullah (s.a.v),

"Ey Sürâka, sana en büyük sadakayı söyleyeyim mi?"
buyurdu. Sürâka (r.a) "Ey Allah'ın Rasûlü, evet" dedi. Re-
sûlullah (s.a.v),

*"(Kocasının ölümü ya da boşanma nedeniyle) Senden
başka çalışanı olmayan kızın için ikramda (harcamada vs.)
bulunmandır"* buyurdu.[96]

---

95 Tirmizî, Birr ve's-Sıla, 4/318, 320 (1912, 1916).

96 İbni Mâce, Edeb, 2/1209 (3667); Hâkim, *Müstedrek,* 4/176; Buhârî,
   Edebu'l-Müfred, (81);

ۇ

سَمِعْتُ عُقْبَةَ بْنَ عَامِرٍ الْجُهَنِيَّ يَقُولُ سَمِعْتُ رَسُولَ اللّٰهِ ﷺ
يَقُولُ: مَنْ كَانَتْ لَدَيْهِ ثَلَاثُ بَنَاتٍ فَصَبَرَ عَلَيْهِنَّ فَاَطْعَمَهُنَّ
وَسَقَاهُنَّ وَكَسَاهُنَّ مِنْ جِدَتِهِ كُنَّ لَهُ حِجَابًا مِنَ النَّارِ.

152. Ukbe b. Âmir el-Cühenî'nin (r.a) şöyle dediğini işittim: Resûlullah'ın (s.a.v) şöyle buyurduğunu işittim:

"Kimin üç kızı varsa, onlara sabreder, onları yedirir, içirir ve yeni elbiselerle giydirirse, onlar da o kimse için cehenneme karşı bir perde olur." [97]

ۇ

عَنْ اَنَسِ بْنِ مَالِكٍ عَنِ النَّبِيِّ ﷺ قَالَ: مَنْ عَالَ جَارِيَتَيْنِ حَتَّى تَبْلُغَا
دَخَلْتُ اَنَا وَهُوَ الْجَنَّةَ هٰكَذَا وَقَالَ بِاَصْبُعَيْهِ الْاِبْهَامِ وَالَّتِي تَلِيهَا.

153. Enes b. Mâlik'den (r.a) rivayet edildiğine göre, Resûlullah (s.a.v) -başparmağı ve işaret parmağını göstererek- şöyle buyurdu: *"Bülûğa erinceye kadar kim iki kızın bakımını üstlenirse, ben ve o (kıyamet günü) cennette bu şekilde oluruz."* [98]

ۇ

154. Ebû Ma'şer'den (rah) rivayet edildiğine göre, İbrahim en-Nehâî (rah) şöyle derdi: "Onlar (yani ashâb-ı ki-

---

97 İbni Mâce, Edeb, 2/1210 (3669); Ahmed, *Müsned,* 4/154; Buhârî, *Edebu'l-Müfred,* (76).

98 Müslim, Birr ve's-Sıla, 4/2028 (2631); Tirmizî, Birr ve's-Sıla, 4/319 (1914); Hâkim, *Müstedrek,* 4/178; İbni Ebi Şeybe, *Musannef,* 8/364 (5491).

râm), çocukları arasında, (onları) öpme konusunda bile adaletli davranmaktan hoşlanırlardı."

❦

155. İbn Mübârek (rah) bize rivayet ettiğine göre, Süfyân-ı Sevrî (rah) şöyle demiştir: "Çocuğun babası üzerindeki hakkı, (babasının) onu güzel bir isimle isimlendirmesi, bülûğa eriştiğinde onu evlendirmesi ve ona güzel bir terbiye (edep) vermesidir."

❦

حَدَّثَنِي الشَّعْبِيُّ اَنَّ رَسُولَ اللهِ ﷺ قَالَ : اِنَّ الرَّجُلَ لَيُؤْجَرُ فِي مَسْحِ يَدِهِ عَلَى رَأْسِ وَلَدِهِ وَفِي اِتْيَانِهِ امْرَاَتِهِ.

156. Şa'bî'den (rah) rivayet edildiğine göre, Resûlullah (s.a.v) şöyle buyurmuştur:

"Şüphesiz kişi, çocuğunun başına (şefkatle) dokunmaktan ve onu bir kadınla evlendirmekten dolayı sevap kazanır."

❦

عَنِ الْحَسَنِ قَالَ كَانَ رَجُلٌ عِنْدَ النَّبِيِّ ﷺ فَجَاءَ ابْنٌ لَهُ فَاَقْعَدَهُ عَلَى فَخْذِهِ الْيُمْنَى ثُمَّ جَاءَ ابْنٌ لَهُ اٰخَرَ اَوِ ابْنَةٌ لَهُ فَاَقْعَدَهُ عَلَى الْاَرْضِ فَقَالَ النَّبِيُّ ﷺ : لَوْ كُنْتَ سَوَّيْتَ بَيْنَهُمَا! فَاَقْعَدَهُ عَلَى فَخْذِهِ.

157. Hasan-ı Basrî'den (rah) rivayet edilmiştir: Bir adam, Resûlullah'ın (s.a.v) yanında oturuyorken oğlu geldi. Bunun üzerine adam oğlunu sağ dizine oturttu. Sonra diğer oğlu veya kızı geldi. Onu da yere oturttu. Bunun üzerine Resûlullah (s.a.v),

*"İkisine de eşit davransaydın ya! (böylesi daha iyi olur-
du)"* buyurdu. Ardından adam, (sonradan gelen) çocuğu-
nu da (diğer) dizine oturttu." [99]

❧

عَنِ الْحَسَنِ قَالَ بَيْنَمَا النَّبِيُّ ﷺ جَالِسٌ اِذْ جَاءَ صَبِيٌّ حَتَّى اِنْتَهَى
اِلَى اَبِيهِ فِي نَاحِيَةِ الْقَوْمِ فَمَسَحَ بِرَأْسِهِ وَاَقْعَدَهُ عَلَى فَخْذِهِ الْيُمْنَى
فَلَبِثَ سَاعَةً ثُمَّ جَاءَتْ اِبْنَةٌ لَهُ حَتَّى اِنْتَهَتْ اِلَيْهِ فَمَسَحَ بِرَأْسِهَا
وَاَقْعَدَهَا بِالْاَرْضِ فَقَالَ النَّبِيُّ ﷺ : فَهَلاَّ عَلَى فَخْذِكَ الْاُخْرَى؟
فَاَقْعَدَهَا عَلَى فَخْذِهِ الْاُخْرَى. فَقَالَ: الْاٰنَ.

158. Hasan-ı Basrî'den (rah) rivayet edilmiştir: Resû-
lullah (s.a.v) oturuyorken bir çocuk geldi, topluluğun so-
nunda oturan babasının (yanına) vardı. Babası, (çocuğun)
başını okşadı ve onu sağ dizine oturttu. Bir süre sonra,
adamın kızı geldi, babasının (yanına) vardı. Babası, onun
da başını okşadı ve yere oturttu. Bunun üzerine Resûlullah
(s.a.v),

"Onu da diğer dizine oturtsaydın ya!" buyurdu. Bunun
üzerine adam, kızını da diğer dizinin üzerine oturttu. Resû-
lullah (s.a.v), *"Şimdi oldu"* buyurdu.[100]

❧

99 Hafız Nureddin Ali b. Ebi Bekr el-Heysemî, *Keşfu'l-Estar an Zevâi-
di'l-Bezzâr,* (thk. Şeyh Habiburrahman el-A'zamî), 1. bas., Müesse-
setu'r-Risale, 1399, 2/379.

100 Heysemî, *Keşfu'l-Estar,* 2/379.

159. Abdulaziz b. Ömer b. Abdulaziz'den (rah) rivayet edilmiştir: "Babam Ömer b. Abdulaziz'in (rah), Ka'b kabilesinden bir kadından olma bir çocuğu vardı. O, bu çocuğu çok sever, onun evinde onunla birlikte uyurdu. Bir gece arkasından giderek evine vardım.

– Sen Abdulaziz misin? diye sordu.

– Evet, dedim. "Hayrola, kötü bir şey mi var; içeri gir! dedi. Bunun üzerine içeriye girdim ve bir mindere oturdum. Namaz kılıyordu; birdenbire tepeden tırnağa titredi. Ben, (tehdit edici) bir âyet okuduğunu sandım. Sonra rükû etti. Namazını bitirince yanıma geldi

– Ne var (niye geldin)? diye sordu. Ben ona,

– O adam, İbn Harisiyye var ya, sen onun için yaptığın iyiliği bize yapmıyorsun. Bu yaptığından dolayı insanların senin hakkında ileri geri konuşmasından endişe ediyorum. İnsanlar, Ömer b. Abdülaziz, onların yanında gördüğünü başka yerde bulamıyor...! diyebilir, dedi.

– Bunu sana (söylemen için) biri mi öğretti? diye sordu. Ben,

– Hayır, dedim. O tekrar aynı soruyu sordu, ben de aynı cevabı tekrar verdim. Ardından,

– Evine dön, git yat! dedi. Bunun üzerine döndüm.

Ben, İbrahim, Âsım ve Abdullah birlikte aynı odadaydık. Bir süre sonra İbnHarisiyye, beraberinde bir yatak olduğu halde yanımıza geldi. Biz,

– Ne oldu? diye sorduk. İbn Harisiyye,

– Başıma gelen, senin yaptıklarından, dedi.

Ravilerden Nuaym dedi ki: "Sanki Ömer b. Abdülaziz, adaletsizlik yapmaktan korkmuştu."

ﻼﺻ

عَنْ اِبْرَاهِيمِ بْنِ مَيْسَرَةٍ اَنَّ اَعْرَابِيًّا طَلَعَ عَلَى اَصْحَابِ رَسُولِ اللّٰهِ ﷺ فَاَعْجَبَهُمْ شَبَابُهُ وَقُوَّتُهُ وَنَشَاطُهُ وَنَحْوُ هٰذَا فَقَالُوا: لَوْ كَانَ شَبَابُ هٰذَا وَنَشَاطُهُ وَقُوَّتُهُ فِي سَبِيلِ اللّٰهِ! فَسَمِعَ رَسُولُ اللّٰهِ ﷺ فَقَالَ: اَوْ مَا فِي سَبِيلِ اللّٰهِ اِلاَّ مَنْ قَاتَلَ اَوْ قَالَ غَزَا! مَنْ سَعَى عَلَى وَالِدَيْهِ لِيَعْفُهُمَا فَفِي سَبِيلِ اللّٰهِ . وَمَنْ سَعَى عَلَى عِيَالِهِ يَعْفُهُمْ فَفِي سَبِيلِ اللّٰهِ . وَمَنْ سَعَى عَلَى نَفْسِهِ لِيَعْفُهَا فَهُوَ فِي سَبِيلِ اللّٰهِ وَمَنْ سَعَى مُكَاثِرًا فَفِي سَبِيلِ الشَّيْطَانِ.

160. İbrahim b. Meysere'den (rah) rivayet ediliyor: "Sahabeler bir aradayken bedevinin biri onların yanına çıkageldi. Sahabeler onun gençliğine, kuvvetine, dinçliğine vs. hayran oldular. "Keşke bu genç, dinçliği ve kuvvetiyle Allah yolunda olsaydı!" dediler. Resûlullah (s.a.v) bunu işitti ve şöyle buyurdu:

"Sadece savaşan ve cihada çıkan mı Allah yolundadır! Kim anne babasının iyiliği (sorumluluğunu taşımak) için çalışıp kazanırsa, Allah yolundadır. Kim bakmakla sorumlu olduğu kimselerin sorumluluğu için çalışıp kazanırsa, o (da) Allah yolundadır. Kim nefsini korumak için uğraşırsa, o da

Allah yolundadır. Kim de (malıyla) böbürlenmek/övünmek için koşturursa, o da şeytanın yolundadır" [101]

۞

عَنْ حُمَيْدِ بْنِ عَبْدِ الرَّحْمَنِ الْحِمْيَرِيِّ قَالَ حَدَّثَنَا ثَلَاثَةٌ مِنْ وَلَدِ سَعْدِ بْنِ اَبِي وَقَّاصٍ كُلُّهُمْ يُحَدِّثُ عَنْ اَبِيهِ اَنَّ رَسُولَ اللهِ ﷺ دَخَلَ عَلَى سَعْدٍ يَعُودُهُ بِمَكَّةَ فَبَكَى سَعْدٌ فَقَالَ لَهُ النَّبِيُّ ﷺ: مَا يُبْكِيكَ فَقَالَ قَدْ خَشِيتُ اَنْ اَمُوتَ بِاَرْضِي الَّتِي هَاجَرْتُ مِنْهَا كَمَا مَاتَ سَعْدُ بْنُ خَوْلَةَ فَادْعُ اللهَ اَنْ يَشْفِيَنِي فَقَالَ اللَّهُمَّ اشْفِ سَعْدًا اشْفِ اللهُ سَعْدًا اللَّهُمَّ اشْفِ سَعْدًا فَقَالَ يَا رَسُولَ اللهِ اِنَّ لِي مَالاً كَثِيرًا وَاِنَّمَا تَرِثُنِي ابْنَةٌ لِي اَفَاُوصِي بِمَالِي كُلِّهِ قَالَ لاَ قَالَ فَالثُّلُثَيْنِ قَالَ لاَ قَالَ فَالنِّصْفُ قَالَ لاَ قَالَ فَالثُّلُثُ قَالَ الثُّلُثُ وَالثُّلُثُ كَثِيرٌ اِنَّ صَدَقَتَكَ مِنْ مَالِكَ لَكَ صَدَقَةٌ وَاِنَّ نَفَقَتَكَ عَلَى عِيَالِكَ لَكَ صَدَقَةٌ وَاِنَّ مَا تَأْكُلُ امْرَاَتَكَ مِنْ طَعَامِكَ لَكَ صَدَقَةٌ وَاِنَّكَ اِنْ تَدَعْ اَهْلَكَ بِخَيْرٍ اَوْ قَالَ بِعَيْشٍ خَيْرٌ لَكَ مِنْ اَنْ تَدَعَهُمْ عَالَةً يَتَكَفَّفُونَ وَقَالَ بِيَدِهِ.

161. Humeyd b. Abdurrahman el-Hımyerî'den (rah) rivayet edilmiştir: Sa'd b. Ebû Vakkâs'ın (r.a) çocuklarından üçü, hepsi de babalarından rivayetle, Resûlullah'ın (s.a.v) Sa'd'ı (r.a) Mekke'de (hasta iken) ziyaret ettiğini anlattılar. Resûlullah'ın (s.a.v) ziyaretinde, Sa'd (r.a) ağladı. Bunun üzerine Resûlullah (s.a.v) ona,

---

[101] Abdurrezzâk, *Musannef*, 2/40.

– *Seni ağlatan nedir?* diye sordu. Sa'd (r.a),

– Sa'd b. Havle'nin (r.a) öldüğü gibi, (kendisinden) hicret etmiş olduğum (Mekke) topraklarında ölmekten korkuyorum. Bana şifa vermesi için Allah'a dua et, dedi. Bunun üzerine Resûlullah (s.a.v),

– *Allahım, Sa'd'a şifa ver! Allahım, Sa'd'a şifa ver! Allahım Sa'd'a şifa ver!* diye dua etti. Sa'd (r.a),

– *Ey Allah'ın Rasûlü, benim çok malım var. Ancak vâris olarak sadece bir kızım var. Malımın tamamını (Allah yolunda harcanması için) vasiyet edebilir miyim?* diye sordu. Resûlullah (s.a.v),

– *Hayır!* dedi. Sa'd (r.a),

– *(Peki ya) Üçte ikisini?* diye sordu. Resûlullah (s.a.v),

– *Hayır!* dedi. Sa'd (r.a),

– *(Peki) Yarısını?* diye sordu. Resûlullah (s.a.v),

– *Hayır!* dedi. Ardından Sa'd (r.a) peki üçte birini? diye sorunca Resûlullah (s.a.v),

– *Üçte bir(ini verebilirsin). Üçte bir (de) çoktur. Şüphesiz senin malından verilen, senin için sadakadır. Bakmakla sorumlu olduğun kimselere harcaman, senin için sadakadır. Hanımının senin yemeğinden yemesi de şüphesiz senin için sadakadır. Kuşkusuz ailene mal veya geçim kaynağı bırakman, senin için onları (insanlara) muhtac avuç açar halde bırakmandan daha hayırlıdır"* buyurdu.[102] Resûlullah (s.a.v) sözünün son kısmında eliyle avuçlarını açmıştı.

---

[102] Müslim, Vasiyyet, 3/1253; Buhârî, *Edebu'l-Müfred*, (520); Beyhâkî, *Sünen*, 9/18.

ﻋﺺ

162. Âmir b. Sa'd b. Ebî Vakkâs (rah), babasından, o da Resûlullah'dan (s.a.v) benzer bir hadis rivayet etmiştir.[103]

ﻋﺺ

عَنْ حَكِيمِ بْنِ حِزَامٍ اَنَّ رَجُلاً سَاَلَ النَّبِيَّ ﷺ عَنِ الصَّدَقَاتِ اَيُّهَا اَفْضَلُ؟ فَقَالَ: عَلَى ذِي الرَّحِمِ الْكَاشِحِ.

163. Hakîm b. Hizâm'dan (r.a) rivayet edildiğine göre, bir adam, Resûlullah'a (s.a.v), hangi sadakanın daha üstün olduğunu sordu. Resûlullah (s.a.v),

"Kalbinde kin ve düşmanlık gösteren akrabaya verilen sadakadır" buyurdu.[104]

ﻋﺺ

عَنْ جَابِرِ بْنِ سَمُرَةَ قَالَ قَالَ رَسُولُ اللهِ ﷺ: يُؤَدِّبُ اَحَدُكُمْ وَلَدَهُ خَيْرٌ لَهُ مِنْ اَنْ يَتَصَدَّقَ كُلَّ يَوْمٍ بِنِصْفِ صَاعٍ.

164. Câbir b. Semûra'dan (r.a) rivayet edildiğine göre, Resûlullah (s.a.v) şöyle buyurdu: *"Sizden birinin çocuğunu terbiye etmesi, her gün yarım sa'[105] sadaka vermesinden daha hayırlıdır."* [106]

---

103 Buhârî, Feraiz, 12/14 (6733); Müslim, Vasiyyet, 3/1252; Tirmizî, Vasaya, 3/187 (2116); Ebû Dâvûd, Vasaya, 3/112 (2864); İbni Mâce, Vasaya, 2/903 (2708); İbni Ebi Şeybe, *Musannef,* 11/199 (10960); Humeydî, *Müsned,* 66; Beyhâkî, *Sünen,* 6/268.

104 Ahmed, *Müsned,* 3/402, 5/416; Dârimî, 1/397.

105 Bir sa' 2,917 kg'dır.

106 Tirmizî, Birr ve's-Sıla, 4/337 (1951); Ahmed, *Müsned,* 5/96.

ﻭﺱ

165. Atâ b. Ebî Rebah (rah) anlatıyor "Ebû Hüreyre'yi (r.a) Kâbe'yi tavaf ederken gördüm. Şöyle diyordu:

– Şüphesiz sadaka, aile fertlerinin ihtiyaçlarından arta kalan şeylerden verilir."

ﻭﺱ

166. Ka'b'dan (r.a) şöyle dediği rivayet edilmiştir: "Herkim akrabalık bağı olan ya da yalnız kalmış garip bir kimseye infakta (harcamada) bulunursa, o kimseye iki kat sevap vardır."

ﻭﺱ

عَن عُمَرَ بْنَ عَبْدِ الْعَزِيزِ يَقُولُ زَعَمَتْ الْمَرْاَةُ الصَّالِحَةُ خَوْلَةُ
بِنْتُ حَكِيمٍ اَنَّ النَّبِيَّ ﷺ خَرَجَ مُحْتَضِنًا اَحَدَ ابْنَيْ ابْنَتِهِ وَهُوَ يَقُولُ:
اِنَّكُمْ لَتُبَخِّلُونَ وَتُجَبِّنُونَ وَتُجَهِّلُونَ وَاِنَّكُمْ لَمِنْ رَيْحَانِ اللّٰهِ.

167. Ömer b. Abdulaziz'den (rah) rivayet edildiğine göre, sâlihâ bir kadın olan Havle bintu Hakîm (r.a) şöyle dedi: "Resûlullah (s.a.v) bir gün evinden, kızı Fâtıma'nın iki oğlundan birini kucağına almış çıkıyor ve şöyle diyordu:

"Siz çocuklar insanı cimri, korkak, bilgisiz kılacak şekilde meşgul edersiniz, Siz Allah'ın güzel kokulu reyhanlarından (nimetlerinden) sayılırsınız." [107] [108]

ﻭﺱ

---

[107] Reyhan: Güzel kokan bir bitki

[108] Rasûlullah (s.a.v) bir başka vesile ile çocukları kucaklarken: *"Allah doğru söylemiştir. "Evlatlarınız, mallarınız birer fitnedir"* (64/Teğabûn, 15) buyurur. Yine bir diğer ayet-i kerimede şöyle buyurulur: *"Ey*

عَنْ عَمْرِو بْنِ سَعِيدٍ قَالَ: كُنَّا جُلُوسًا مَعَ حُمَيْدَ بْنِ عَبْدِ
الرَّحْمَنِ فِي سُوقِ الرَّقِيقِ فَقَامَ مِنْ عِنْدِنَا ثُمَّ رَجَعَ فَقَالَ: هَذَا
أُخِرُ ثَلاَ ثَةٍ مِنْ بَنِي سَعْدِ ابْنِ اَبِي وَقَّاصٍ قَدْ حَدَّثُونِي هَذَا
الْحَدِيث قَالُوا: مَرِض سَعْدٌ بِمَكَّةَ مَرَضًا شَدِيـدًا فَاَتَاهُ رَسُولُ
اللهِ ﷺ يَعُودُهُ فَقَالَ: يَا رَسُولَ اللهِ اِنِّي رَهِبْتُ اَنْ اَمُوتَ بِاَرْضِي الَّتِي
هَاجَرْتُ مِنْهَا كَمَا مَاتَ سَعْدُ بْنِ خَوْلَةَ فَادْعُ اللهَ اَنْ يُشْفِيَنِي.
فَقَالَ: اللَّهُمَّ اشْفِ سَعْدًا اَللَّهُمَّ اشْفِ سَعْدًا. قَالَ: وَلِي مَالٌ كَثِيرٌ
اَفَاُوصِي بِمَالِي كُلِّهِ؟ قَالَ: لاَ. قَالَ قُلْتُ: فَالنِّصْفُ؟ قَالَ: لاَ.
قُلْتُ: فَالثُّلُثُ؟ قَالَ: الثُّلُثُ وَالثُّلُثُ كَثِيرٌ إِنَّ صَدَقَتَكَ مِنْ مَالِكَ
لَكَ صَدَقَةٌ وَإِنَّ أَكْلَ امْرَاَتِكَ مِنْ طَعَامِكَ صَدَقَةٌ وَإِنَّ نَفَقَتَكَ

---

iman edenler! Mallarınız ve çocuklarınız sizi Allah'ı anmaktan alıkoymasın. Kim bunu yaparsa işte onlar ziyana uğrayanlardır." (63/Münafikûn, 9) Rasûlullah (s.a.v) yukarıdaki sözleriyle, çocukların fitne olduğunu belirten âyetlere işaret etmiş olabilir. Bunun yanısıra, anne-baba, çocuklarına karşı duydukları sevgi ve onun geleceği düşüncesiyle birtakım cimriliklerde, korkaklıklarda ve cahil davranışlarda bulunabilirler. Bu bazen onların terbiyeleri ile meşgul iken, Allah'ın emirlerini yerine getirmede yanlış davranmalarına neden olabilir. Resûlullah'ın (s.a.v), çocukları 'reyhan' olarak nitelendirmesi ise, onlara duyduğu sevgiden kaynaklanmaktadır. Nitekim Rasûlullah (s.a.v), Enes'in (r.a) rivayet ettiğine göre, torunları Hasan (r.a) ve Hüseyin'i (r.a) *"dünyadaki iki reyhanım"* diyerek çağırır, koklar, öper ve bağrına basardı. Tirmizî, Birr ve's-Sıla, 4/317 (1910); Ahmed, *Müsned*, 6/409.

عَلَى أَهْلِكَ مِنْ مَالِكَ لَكَ صَدَقَةٌ وَإِنَّكَ أَنْ تَدَعَ أَهْلَكَ بِعَيْشٍ أَوْ

قَالَ بِغِنًى خَيْرٌ لَكَ أَنْ تَدَعَهُمْ يَتَكَفَّفُونَ.

168. Amr b. Saîd'den (rah) rivayet edilmiştir: "Biz, Humeyd b. Abdurrahman (rah) ile birlikte köle pazarında oturuyorduk. Humeyd (rah) bizim yanımızdan ayrıldı, bir süre sonra tekrar yanımıza geldi ve şöyle dedi:

"Sa'd b. Ebû Vakkâs'ın (r.a) üç oğlundan sonuncusu bana bu hadisi anlattı: Sa'd (r.a), Mekke'de şiddetli bir hastalığa yakalanmıştı. Resûlullah (s.a.v) onu ziyaret etti. Sa'd (r.a),

– Ey Allah'ın Rasûlü, ben Sa'd b. Havle'nin (r.a) öldüğü gibi, (kendisinden) hicret etmiş olduğum yerin topraklarında (Mekke'de) ölmekten korkuyorum. Bana şifa vermesi için Allah'a dua et, dedi. Bunun üzerine Resûlullah (s.a.v),

– *Allahım, Sa'd'a şifa ver! Allahım, Sa'd'a şifa ver!* buyurdu. Sa'd,

– Benim çok malım var. Malımın tamamını (Allah yolunda harcanması için) vasiyet edebilir miyim? diye sordu. Resûlullah (s.a.v),

– *Hayır!* dedi. Sa'd (r.a),

– (Peki ya) Yarısını? diye sordu. *Hayır!* dedi.

– Peki ya üçte birini? diye sordu. Resûlullah (s.a.v),

– *Üçtebir iyi ama üçtebir de çoktur. Şüphesiz senin malından verilen, senin için sadakadır. Şüphesiz yemeğinden hanımının yemesi sadakadır. Malından ailene harca-*

*mada bulunman senin için sadakadır. Ailene geçim kay-
nağı ya da zenginlik bırakman, onları (insanlara) avuç açar
halde bırakmandan senin için daha hayırlıdır"* buyurdu.

❧

عَنْ عَامِرِ بْنِ سَعْدٍ عَنْ اَبِيهِ قَالَ: مَرِضْتُ عَامَ الْفَتْحِ مَرَضًا

اَشْفَيْتُ مِنْهُ عَلَى الْمَوْتِ فَاَتَانِي النَّبِيُّ ﷺ يَعُودُنِي. فَقُلْتُ: يَا

رَسُولَ اللهِ اِنَّ لِي مَالاً كَثِيرًا وَلَيْسَ يَرِثُنِي اِلاَّ ابْنَتِي اَفَاُوصِي

بِمَالِي كُلِّهِ؟ قَالَ: لاَ. قُلْتُ: فَالثُّلُثَيْنِ؟ قَالَ: لاَ. قُلْتُ: فَالـشَّطْرُ؟

قَالَ: لاَ. قُلْتُ: فَالثُّلُثُ؟ قَالَ: الثُّلُثُ وَالثُّلُثُ كَثِيرٌ اِنَّكَ اِنْ تَدَعْ

وَرَثَتَكَ اَغْنِيَاءَ وَرُبَّمَا بِخَيْرٍ مِنْ اَنْ تَدَعَهُمْ عَالَةً يَتَكَفَّفُونَ

النَّاسَ اِنَّكَ لَنْ تُنْفِقَ نَفَقَةً اِلاَّ اُجِرْتَ فِيهَا حَتَّى اللُّقْمَةَ تَرْفَعُهَا

اِلَى فِي امْرَاَتِكَ. قَالَ قُلْتُ: يَا رَسُولَ اللهِ اُخَلَّفُ عَنْ هِجْرَتِي؟

قَالَ: اِنَّكَ لَنْ تُخَلَّفَ بَعْدِي فَتَعْمَلَ عَمَلاً تُرِيدُ بِهِ وَجْهَ اللهِ اِلاَّ

ازْدَدْتَ بِهِ عِنْدَ اللهِ رِفْعَةً وَدَرَجَةً وَلَعَلَّكَ اَنْ تُخَلَّفَ بَعْدِى

فَيَنْتَفِعَ بِكَ اَقْوَامٌ وَيُضَرَّ بِكَ اخَرُونَ اللَّهُمَّ اَمْضِ لِاَصْحَابِي

هِجْرَتَهُمْ وَلاَ تَرُدَّهُمْ عَلَى اَعْقَابِهِمْ. لَكِنِ الْبَائِسُ سَعْدُ بْنِ

خَوْلَةَ يَرْثِي لَهُ رَسُولُ اللهِ ﷺ وَكَانَ مَاتَ بِمَكَّةَ اَوْ رُبَّمَا يَرْثِى

لَهُ اَوْ مَاتَ بِمَكَّةَ.

169. Sa'd (b. Ebû Vakkâs) (r.a) anlatıyor: "Mekke'nin fethedildiği yıl hastalanmış, ölümle karşı karşıya gelmiştim. Resûlullah (s.a.v) beni ziyarete geldi. Ben,

– Ey Allah'ın Rasûlü, çok malım var ve kızımdan başka da vârisim yok. Malımın tamamını (Allah yolunda harcanması için) vasiyet edebilir miyim? diye sordum. Resûlullah (s.a.v),

– *Hayır!* dedi. Ben,

– (Peki ya) Malımın üçte ikisini? diye sordum.

– *Hayır!* dedi.

– Peki ya yarısını? diye sordum. Resûlullah (s.a.v),

– *Hayır!* dedi.

– Ya üçte birini? diye sordum. Resûlullah (s.a.v),

– *Üçtebir iyi ama o da çoktur. Vârislerini zengin bırakman, onları insanlara avuç açar vaziyette yoksul kişiler olarak bırakmandan daha hayırlıdır. Şüphesiz sen, yaptığın her harcamadan dolayı sevap kazanıyorsun, hatta hanımının ağzına uzattığın bir lokmadan bile,* buyurdu. Ben,

– Ey Allah'ın Rasûlü! Hicret ettiğim yerden geri kalacağım (Mekke'de mi vefat edeceğim?) diye sordum. Resûlullah (s.a.v),

– *Şüphesiz benden sonraya kalırsan, Allah'ın rızasını isteyerek yapacağın her iş/amel nedeniyle Allah senin sevâbını artıracak ve dereceni yükseltecektir. Ömrün olur da geriye kalırsan, bazı topluluklar senden istifade edecek, diğer bir kısmı da (savaşlarda senin kılıç darbelerinle) senden zarar göreceklerdir. Allahım, ashabımın hicretlerini kabul et, onları geriye çevirme"* buyurdu.

Ancak Resûlullah (s.a.v), Sa'd b. Havle'nin (r.a) ölümüne üzülüyordu. Sa'd b. Havle (r.a), Mekke'de ölmüştü.

۔

عَنْ سَلْمَانَ بْنِ عَامِرٍ عَنِ النَّبِيِّ ﷺ قَالَ: إِنَّ الصَّدَقَةَ عَلَى الْمِسْكِينِ صَدَقَةٌ وَ صَدَقَتُكَ عَلَى ذِي الرَّحِمِ اثْنَتَانِ صَدَقَةٌ وَصِلَةٌ.

170. Selmân b. Âmir'den (r.a) rivayet edildiğine göre, Resûlullah (s.a.v) şöyle buyurmuştur: *"Şüphesiz fakirlere sadaka vermek, bir sadaka; akrabaya sadaka vermek iki sadakadır."* [109]

۔

عَنْ اَبِي هُرَيْرَةَ قَالَ جَاءَ رَجُلٌ إِلَى النَّبِيِّ ﷺ فَقَالَ: إِنَّ عِنْدِي دِينَارًا فَمَا اَصْنَعُ بِهِ؟ قَالَ: اَنْفِقْهُ عَلَى نَفْسِكَ. قَالَ: فَإِنَّ عِنْدِي اَخَرُ فَمَا اَصْنَعُ بِهِ؟ قَالَ: اَنْفِقْهُ عَلَى وَالِدَيْكَ. قَالَ: فَإِنْ عِنْدِي اَخَرُ فَمَا اَصْنَعُ بِهِ؟ قَالَ: اَنْفِقْهُ عَلَى وَلَدِكَ. قَالَ: فَإِنْ عِنْدِي اَخَرُ؟ قَالَ: اَنْفِقْهُ عَلَى زَوْجَتِكَ. قَالَ: فَإِنْ عِنْدِي اَخَرُ؟ قَالَ: اَنْفِقْهُ عَلَى خَادِمِكَ. قَالَ: فَإِنْ عِنْدِي اَخَرُ لَمْ يَبْقَ غَيْرُهُ؟ قَالَ: اجْعَلْهُ فِي سَبِيلِ اللهِ.

171. Ebû Hüreyre'den (r.a) rivayet edilmiştir: Bir adam, Resûlullah'a (s.a.v) geldi ve,

– Bir dinar param var, onu ne yapayım? diye sordu. Resûlullah (s.a.v),

---

[109] İbni Mâce, Zekât, 1/591 (1844); Nesâî, Zekât, 5/92; Dârimî, 1/397; Ahmed, *Müsned,* 4/17, 18.

– *Onu kendine harca,* buyurdu. Adam,

– Eğer başka bir tane daha varsa, onu ne yapayım? diye sordu. Resûlullah (s.a.v),

– *Onu, anne baban için harca!* buyurdu. Adam,

– Eğer başka bir tane daha varsa, onu ne yapayım? diye sordu. Resûlullah (s.a.v),

– *Onu çocuğuna harca!* buyurdu. Adam,

– Eğer başka bir tane daha varsa (onu ne yapayım)? diye (tekrar) sordu. Resûlullah (s.a.v),

– *Onu eşine harca!* buyurdu. Adam (tekrar),

– Eğer başka bir tane daha varsa? diye sordu. Resûlullah (s.a.v),

– *Onu hizmetçine harca!* buyurdu. Adam,

– Eğer yanımda, son bir tane daha varsa (onu ne yapayım)? diye sordu. Resûlullah (s.a.v),

– *Onu, Allah yolunda harca!* buyurdu.[110]

عَنْ مَكْحُولٍ قَالَ وَقَفَتْ امْرَأَةٌ عَلَى رَسُولِ اللهِ ﷺ تَقُودُ ابْنًا وَتَحْمِلُ
أَخَرَ فَأَمَرَ لَهَا بِثَلَاثَ تَمَرَاتٍ فَأَعْطَتْ صَبِيَّيْهَا ثِنْتَيْنِ وَأَمْسَكَتْ
وَاحِدَةً فَأَكَلَ صِبْيَاهَا التَّمْرَتَيْنِ ثُمَّ نَظَرْنَ إِلَى تَمْرَتِهَا فَشَقَّتْهَا بَيْنَهُمَا
نِصْفَيْنِ فَالْتَفَتَ رَسُولُ اللهِ ﷺ فَقَالَ: حَامِلَاتٌ وَالِدَاتٌ رَحِيمَاتٌ بِأَوْ
لَادِهِنَّ لَوْلَا مَا يَفْعَلْنَ بِأَزْوَاجِهِنَّ دَخَلَ مُصَلِّيَاتُهُنَّ الْجَنَّةَ.

---

110 Ebû Dâvûd, Zekât, 2/132 (1691); Nesâî, Zekat, 5/62; Ahmed, *Müsned*, 2/152, 147; Beyhâkî, *Sünen,* 7/466; Hâkim, *Müstedrek*, 1/415.

172. Mekhûl'den (rah) rivayet edilmiştir: Bir kadın, Resûlullah'ın (s.a.v) huzuruna vardı. Beraberinde bir çocuk vardı, bir diğerini de sırtında taşıyordu. Resûlullah (s.a.v), ona üç hurma verilmesini emretti. Kadın, ikisini çocuklarına verdi, birini ayırdı. Çocukları, iki hurmayı yediler. Sonra (üçüncü) hurmaya baktılar. Bunun üzerine kadın o hurmayı da aralarında ikiye böldü. Bunun üzerine Resûlullah (s.a.v) sahabelerine döndü ve şöyle dedi:

"(Kadınlar çocuklarını karınlarında) taşırlar, doğururlar ve onlara merhamet beslerler. Bunlar bir de kocalarına eziyet vermeseler, (işte o zaman onlardan) namazlarını kılanlar cennete girerler!" [111]

☙

عَنْ اَبِي سَعِيدٍ قَالَ قَالَ رَسُولُ اللهِ ﷺ: لَا يَكُونُ لِرَجُلٍ ثَلَاثُ بَنَاتٍ اَوْ ثَلَاثُ اَخَوَاتٍ اَوْ ابْنَتَانِ اَوْ اُخْتَانِ فَيَتَّقِي اللهَ فِيـــهِنَّ وَيُحْسِنُ اِلَيْهِنَّ اِلَّا دَخَلَ الْجَنَّةَ.

173. Ebu Said (el-Hudrî)'den (r.a) rivayet edildiğine göre, Resûlullah (s.a.v) şöyle buyurdu:

"Üç kızı veya üç kızkardeşi, ya da iki kızı veya iki kızkardeşi olan, onlar hakkında Allah'tan korkan ve onlara ihsanda bulunan hiçbir kimse yoktur ki, cennete girmesin." [112]

☙

---

[111] Hâkim, *Müstedrek*, 4/173.
[112] Ebû Dâvûd, Edeb, 4/338 (5147, 5148); Ahmed, *Müsned*, 3/42, 97; İbni Ebi Şeybe, *Musannef*, 8/364 (5490); Buhârî, *Edebu'l-Müfred*, (79).

عَنْ اَنَسِ بْنِ مَالِكٍ قَالَ: لَمَّا نَزَلَتْ هَذِهِ الْاٰيَةُ لَنْ تَنَالُوا الْبِرَّ حَتّٰى تُنْفِقُوا مِمَّا تُحِبُّونَ اَوْ مَنْ ذَا الَّذِي يُقْرِضُ اللّٰهَ قَرْضًا حَسَنًا قَالَ اَبُو طَلْحَةَ: حَائِطِي يَا رَسُولَ اللّٰهِ الَّذِي بِكَذَا وَكَذَا لِلّٰهِ عَزَّ وَجَلَّ وَلَوِ اسْتَطَعْتُ اَنْ اَجْعَلَهُ سِرًّا اَوْ اَجْعَلَهُ عَلَانِيَةً؟ فَقَالَ رَسُولُ اللّٰهِ ﷺ: اِجْعَلْهُ فِي فُقَرَاءِ اَهْلِكَ.

174. Enes b. Mâlik (r.a) rivayet ediyor: *"Sevdiğiniz şeylerden (Allah yolunda) harcamadıkça iyiliğe eremezsiniz."* (Âl-i İmrân 3/92) veya *"Verdiğinin kat kat fazlasını kendisine ödemesi için Allah'a güzel bir borç (isteyene faizsiz ödünç) verecek yok mu?"* (Bakara 2/245) âyeti nazil olduğunda, Ebû Talha (r.a),

– Ey Allah'ın Rasûlü, (bahçe) duvarım şöyle şöyledir. Onu, Aziz ve Yüce olan Allah için infak ettim. Eğer bunu yapmaya güç yetirebilirsem, gizli mi yapayım yoksa açıktan mı infak edeyim? diye sordu. Bunun üzerine Resûlullah (s.a.v),

– *Onu, ehlinin[113] fakirlerine ver*, buyurdu.[114]

&

عَنْ عَطَاءِ بْنِ يَسَارٍ اَنَّ الْهِلَالِيَّةَ كَانَتْ زَوْجُ النَّبِيِّ وَكَانَتْ لَهَا جَارِيَةٌ سَوْدَاءُ فَقَالَتْ: يَا رَسُولَ اللّٰهِ اُرِيدُ اَنْ اَعْتِقَ هَذِهِ الْجَارِيَةَ. فَقَالَ رَسُولُ اللّٰهِ ﷺ: اَلَا تَفْدِينَ بِهَا بِنْتَ اَخِيكَ مِنْ رَعِيَّةِ الْغَنَمِ.

---

113 Ehl: akraba, aşiret, zevce, aile...
114 İbni Cerîr, *et-Tefsîr*, 3/246; Ahmed, *Müsned*, 3/115, 174, 262.

175. Atâ b. Yesâr'dan (r.a) rivayet edilmiştir: Hilâliyye[115] (r.a), Resûlullah'ın eşiydi; kendisine ait zenci bir cariyesi vardı. "Ey Allah'ın Rasûlü, bu cariyeyi âzâd etmek istiyorum" dedi. Bunun üzerine Resûlullah (s.a.v),

"Koyun çobanlığı yapan kardeşinin kızına onu bağışlamaz mısın (bu daha iyi olur)" buyurdu.[116]

❧

عَنْ عَامِرٍ قَالَ سَأَلَتْ زَيْنَبُ امْرَأَةُ عَبْدِ اللهِ بْنِ مَسْعُودٍ رَسُولَ اللهِ ﷺ عَنِ الصَّدَقَةِ عَلَى الْاَقَارِبِ اَفْضَلُ اَوْ عَلَى غَيْرِ اْلَا قَارِبِ. قَالَ: اَلصَّدَقَةُ عَلَى الْاَقَارِبِ تُضَعِّفُ عَلَى غَيْرِ الْاَقَارِبِ مَرَّتَيْنِ.

176. Âmir (b. Şurahil)'den rivayet edilmiştir: Abdullah b. Mes'ûd'un (r.a) hanımı Zeyneb (r.anh), Resûlullah'a (s.a.v), akrabalara verilen sadakanın mı yoksa akraba olmayanlara verilen sadakanın mı daha üstün olduğunu sordu. Resûlullah (s.a.v),

"Akrabalara verilen sadaka, akraba olmayanlara verilen sadakadan iki kat daha üstündür" buyurdu.[117]

❧

177. Fadl b. Musa (rah), şeyhinden rivayet etmiştir: "Saîd b. Cübeyr'in (rah) şöyle dediğini işittim:

---

[115] *Hilâliyye:* Resûlullah'ın (s.a.v) eşi Meymûne'nin künyesidir. (çev.)

[116] Buhârî, Hibe, 5/217, 219 (2592, 2594); Müslim, Zekât, 2/694, 4/999; Ebû Dâvûd, 2/132 (1690); Ahmed, *Müsned,* 6/332; Taberânî, *el-Kebîr,* 23/440 (1067); Beyhâkî, *Sünen,* 4/179;

[117] İbni Mâce, Zekât, 1/587 (1834); Nesâî, Zekât, 5/93; Ahmed, *Müsned,* 6/363, 3/502; Taberânî, *el-Kebîr,* 24/286 (726, 727, 728, 729, 730).

– Kim haksız yere kölesine vurursa, kıyamet günü kölesi ondan karşılığını alır. Ben

– Ey Ebû Abdullah, kişi (bazen) çocuğuna ve kardeşine onları terbiye etmek için vuruyor (buna ne dersin?) diye sordum. Said b. Cübeyr (rah) şöyle dedi:

– Şüphesiz kimin fesatçı zalim olduğu kimin de ıslah edici olduğu Allah'a gizli kalmaz."

❦

عَنْ وَهْبِ بْنِ جَابِرٍ اَتَى رَجُلٌ اِلَى عَبْدِ اللهِ بْنِ عَمْرِو بْنِ الْعَاصِ
فَقَالَ: اِنِّي اُرِيدُ اَنْ اُقِيمَ هَذَا الشَّهْرَ هَا هُنَا عِنْدَ بَيْتِ الْمَقْدِسِ.
قَالَ: اَتَرَكْتَ لِاَهْلِكَ مَا يَقُوتُهُمْ؟ قَالَ: لَا . قَالَ: فَارْجِعْ اِلَيْهِمْ
فَدَعْ لَهُمْ مَا يَقُوتُهُمْ فَاِنِّي سَمِعْتُ رَسُولَ اللهِ ﷺ يَقُولُ: كَفَى
بِالرَّجُلِ اِثْمًا اَنْ يُضِيعَ مَنْ يَقُوتُ.

178. Vehb b. Câbir'den (rah) rivayet edildiğine göre, bir adam, vali Abdullah b. Amr b. el-Âs'a (r.a) geldi ve:

– Ben bu ay, burada; Beytu'l-Makdis'de kalmak istiyorum, dedi. Abdullah b. Amr (r.a),

– (Bu zaman zarfında) Ailene yetecek yiyecek içecek erzak bıraktın mı? diye sordu. Adam,

– Hayır, dedi. Bunun üzerine Abdullah b. Amr (r.a),

– O halde ailenin yanına dön ve (bu zaman içerisinde) onları doyuracak şeyler bırak, dedi ve şöyle devam etti:

– Çünkü ben Resûlullah'ın (s.a.v) şöyle buyurduğunu işittim:

"Bakmakla yükümlü olduğu kimseleri ihmal etmesi, kişiye günâh olarak yeter." [118]

◆

179. Vehb b. Câbir (rah), Abdullah b. Amr'dan (r.a) rivayetle, Resûlullah'dan (s.a.v) hadisin benzerini rivayet etmiştir.[119]

◆

عَنْ عَبْدِ اللّٰهِ بْنِ عَمْرٍو قَالَ سَمِعْتُ رَسُولَ ﷺ يَقُولُ: كَفَى بِالرَّجُلِ إِثْمًا اَنْ يُضِيعَ مَنْ يَقُوتُ.

180. Abdullah b. Amr (r.a), Resûlullah Efendimiz'in (s.a.v) şöyle buyurduğunu işittim demiştir:

"Bakmakla (rızkını temin etmekle) yükümlü olduğu kimseleri ihmal etmesi, kişiye günâh olarak yeter." [120]

◆

عَنْ أَبِي قِلاَبَةَ عَنْ مُسْلِمِ بْنِ يَسَارٍ أَنَّ رَجُلاً قَدِمَ عَلَى النَّبِيِّ ﷺ فَابْتَعَثَ سَرِيَّةً مِنَ الْمُسْلِمِينَ فَقَالَ: يَا رَسُولَ اللّٰهِ أَلاَ أَخْرُجُ فِيهَا؟ قَالَ: تَرَكْتَ لِأَهْلِكَ مَنْ كَافَلَ؟ قَالَ: لاَ مَا هُمْ إِلاَّ صَبِيَّةٌ صِغَارٌ. قَالَ: فَارْجِعْ إِلَيْهِمْ فَارْقُبْهُمْ مُجَاهِدًا حَسَنًا.

---

[118] Ahmed, *Müsned*, 2/195.

[119] Ahmed, *Müsned*, 2/193; Hâkim, *Müstedrek*, 4/500.

[120] Ebû Dâvûd, Zekât, 2/132 (1692); Ahmed, *Müsned*, 2/160, 194; Hâkim, *Müstedrek*, 1/415; Ebu Nuaym, *Hilye*, 7/135.

181. Müslim b. Yesâr'dan (r.a) rivayet edildiğine göre, bir adam Resûlullah'a (s.a.v) geldi; Resûlullah (s.a.v) Müslümanlardan bir grup askeri seriyyeye göndermişti. Adam,

– Ey Allah'ın Rasûlü, ben o seriyye ile (yola) çıkmayacak mıyım? diye sordu. Resûlullah (s.a.v),

– *Ailen için onlara bakacak birini bıraktın mı?* buyurdu. Adam,

– Hayır, onların yanında küçük bir kızdan başka kimse yok, dedi. Resûlullah (s.a.v),

– *Onlara dön, iyi bir mücahid olarak onları koru!* buyurdu.

ﷺ

182. Müslim b. Yesâr (r.a), Resûlullah'dan (s.a.v) hadisin benzerini farklı lafızla (yani قَدِمَ lafzı yerine جَاءَ lafzını söyleyerek) rivayet etmiştir.

ﷺ

عَنْ أَبِي قِلاَبَةَ عَمَّنْ يَحْدُثُ عَنْ ثَوْبَانَ أَنَّهُ قَالَ: أَفْضَلُ دِينَارٍ دِينَارٌ أَنْفَقَهُ الرَّجُلُ عَلَى عِيَالِهِ أَوْ أَنْفَقَهُ عَلَى دَابَّتِهِ فِي سَبِيلِ اللهِ أَوْ يُنْفِقُهُ عَلَى أَصْحَابِهِ فِي سَبِيلِ اللهِ.

183. Ebû Kılâbe (rah), Sevbân'ın (r.a) şöyle dediğini rivayet etti: *"En üstün/faziletli dinar, kişinin ailesi için harcadığı veya Allah yolunda kullandığı bineği için harcadığı veyahut Allah yolundaki arkadaşları için harcadığı dinardır."* [121] [122]

---

[121] Dinar: Bazı ülkelerin para birimi (para)
[122] Müslim, Zekât, 2/692 (994); Tirmizî, Birr ve's-Sıla, 4/344 (1966); İbni Mâce, Cihad, 2/922 (2760); Ahmed, *Müsned,* 5/279, 284; Buhârî, *Edebu'l-Müfred,* (748); Beyhâkî, *Sünen,* 4/178, 7/467.

❦

184. Âsım el-Ahvel (rah), Şa'bî'nin (rah) şöyle dediğini rivayet etti: "Bazı nafakalar (harcamalar) vardır ki, bunlar kişiye sevap olarak kat kat fazlasıyla döner. Bunlar, kişinin ailesine ve kendisine yaptığı harcamalardır." [123]

❦

185. İsmail b. Ebû Hâlid'den rivayet edildiğine göre, Âmir (b. Şurahil) (rah) şöyle dedi: "Kişinin, insanlara ihtiyaç duymayacak şekilde, vârislerine bıraktığı maldan; sevap olarak daha üstün bir mal yoktur."

❦

186. Yahyâ b. Zekeriyâ (rah), babasından rivayet ettiğine göre, Şa'bî'ye (rah) kızının mirası olan ziynet eşyası, mirasta kendisine bırakıldı ve "Bende, ondan bir şey olduğu sürece sevap kazanmayı ümid ederim" dedi.

❦

عَنْ دَاوُدَ بْنِ عَلِيِّ بْنِ عَبْدِ اللهِ بْنِ عَبَّاسٍ قَالَ قَالَ رَسُولُ اللهِ ﷺ :
عَلِّقْ سَوْطَكَ حَيْثُ يَرَاهُ أَهْلُكَ.

187. Dâvûd b. Ali b. Abdullah b. Abbas'dan rivayet edildiğine göre, Resûlullah (s.a.v) şöyle buyurdu: *"Kırbacını, ailenin göre(bile)ceği bir yere as."* [124]

❦

---

[123] İbni Ebi Şeybe, *Musannef*, 9/106 (6696).
[124] Buradaki ifade, kanaatimizce aile bireylerinin terbiyesi ve otoritenin doğru bir şekilde sağlanabilmesi için verilen bir ruhsattır. Müslümanın, Allah'ın emirlerinden çıkmayı düşünmeyeceği göz önüne alındığında, aile bireylerinden herhangi birinin Allah'ın emir ve yasaklarına karşı

188. Yezîd b. Abdullah b. Üsâme'den (rah) rivayet edilmiştir: Ebu'l-Mu'temer (rah),

– (Doğan çocuğun ismi hakkında) Ömer b. Abdulaziz'in (rah) yanına gidin; görüşün, müzakere edin, dedi. Bunun üzerine bir adam,

– Bana ulaştığına göre, bir çocuk, isimlendirilmeden önce ölürse, kıyamet günü babasına, «Beni terk etti, benim ismim yok!» diyecek, dedi.

ᐯ

189. Mansûr (rah), bir adamın şöyle dediğini rivayet etti: Biz, Hz. Ali b. Ebû Tâlib'in (r.a), Allah'ın, *"Ey inananlar! Kendinizi ve ailenizi, yakıtı insanlar ve taşlar olan ateşten koruyun..."* (Tahrîm 66/6) âyetinin tefsiri hakkında şöyle dediğini işittik: "Ailenize (dinî ve gerekli bilgileri) öğretin ve onları terbiye edin." [125]

ᐯ

عَنْ جَابِرِ بْنِ عَبْدِ اللهِ قَالَ قَالَ رَسُولُ اللهِ ﷺ: مَنْ كُنَّ لَهُ ثَلَاثُ بَنَاتٍ يُؤَدِّبُهُنَّ وَيَرْحَمُهُنَّ وَيَكْفُلُهُنَّ فَقَدْ وَجَبَتْ لَهُ الْجَنَّةُ الْبَتَّةَ. قَالُوا:

---

olumsuz bir tavır takınması durumunda, bunu önlemek için iyiliği emir ve tavsiyeden sonra gerektiğinde -aşırıya kaçmayacak şekilde- cezalandırma ve korkutma sisteminin uygulanması, ailenin ve dolayısıyla toplumun sıhhati için bir gerekliliktir. Bu emir, ceza sistemini akla getirdiği gibi, otoritenin sağlanması için korkutma ve sakındırmayı da gündeme getirmektedir. Ceza olarak düşünüldüğünde dahi, bu konuda, yüze vurmaktan kaçınılması gibi bir takım şartlar ve durumlar vardır. Buhârî, *Edebu'l-Müfred,* nr. 880; Abdurrezzâk, *Musannef* nr. 20123.

[125] Hâkim, Müstedrek, 2/494; İbni Cerîr, *et-Tefsir,* 28/107; Abdurrezzâk, *et-Tefsir,* 2/203.

يَا رَسُولَ اللهِ وَإِنْ كَانَا اثْنَتَيْنِ؟ قَالَ: وَإِنْ كَانَا اثْنَتَيْنِ. قَالَ: فَرَأَى

بَعْضُ الْقَوْمِ أَنْ لَوْ قِيلَ وَاحِدَةً لَقَالَ وَاحِدَةً.

190. Câbir b. Abdullah'dan (r.a) rivayet edildiğine göre, Resûlullah (s.a.v) şöyle buyurdu:

– Her kim üç kızını terbiye eder, onlara merhamet eder ve onların ihtiyaçlarını karşılarsa, şüphesiz cennet ona vacip olur.

Bunun üzerine sahabelerden bazıları,

– Ey Allah'ın Rasûlü, eğer iki kızı varsa (da aynı olur mu)? diye sordular. Resûlullah (s.a.v),

– İki olsa da (aynı olur), buyurdu.

Câbir dedi ki: Resûlullah'a (s.a.v) bir (kızı) olsa da mı? denilecek olunsa idi, (Resûlullah'ın) «Evet bir kız dahi olsa» diyerek cevap vereceğini, bazıları tahmin etmişti.[126]

🙚

191. Süleyman b. Eznân'dan (rah) rivayet edilmiştir: Alkame'nin (rah) şöyle dediğini işittim: "Bir kimsenin benden üç defa ödünç (para) alması, benim için bir defa borç vermekten daha iyidir. Yine câriyeme hizmetçi tutmam, onu âzât etmemden benim için daha iyidir." [127]

🙚

عَنْ ابْنِ طَاوُسٍ عَنْ أَبِيهِ عَنْ أَبِيهِ أَنَّ مَيْمُونَةَ أَعْتَقَتْ جَارِيَةً لَهَا فَقَالَ لَهَا

النَّبِيُّ: لَوْ أَعْطَيْتَهَا أُخْتَكَ الْأَعْرَابِيَّةَ لَكَانَ خَيْرًا لَكَ أَوْ أَفْضَلَ.

---

[126] Ahmed, *Müsned,* 3/303; Buhârî, *Edebu'l-Müfred,* (78).

[127] Muhammed b. İsmail b. İbrahim el-Buhârî, *Tarihu'l-Kebîr,* Daru'l-Kütübi'l-İlmiyye, Beyrut, 4/121.

192. İbn Tâvûs (rah), babasından rivayet ettiğine göre, Meymûne (r.a), cariyesini âzâd etti. Bunun üzerine Resûlullah (s.a.v) ona,

"Onu köyde yaşayan kız kardeşine verseydin bu senin için daha hayırlı ya da daha üstün olurdu" buyurdu.[128]

۶

193. Bize Süfyan (rah), Amr'dan, o da Muhammed b. Ali'den (rah), o da Resûlullah'dan (s.a.v) bu hadisin benzerini rivayet etmiştir.

۶

عَنْ مُحَمَّدِ بْنِ كَعْبِ الْقُرَظِيِّ قَالَ قَالَ رَسُولُ اللهِ: مَنْ أَنْفَقَ عَلَى ابْنَتَيْنِ يَحْتَسِبُ بِالنَّفَقَةِ عَلَيْهِمَا حَتَّى يُكَفِّلُهُمَا اللهُ أَوْ يُغْنِيهُمَا مِنْ فَضْلِهِ كَانَتَا سِتْرًا لَهُ مِنَ النَّارِ.

194. Muhammed b. Ka'b el-Kurazî'den (rah) rivayet edildiğine göre, Resûlullah (s.a.v) şöyle buyurmuştur:

"Her kimin iki kızı olur da, Allah onları mükellef kılıncaya veya onları lütfundan zenginleştirinceye kadar onların nafaka ihtiyaçları ile yetinip ilgilense ve infakta bulunursa, o iki kız, babaları için ateşe karşı bir örtü olur."

۶

عَنْ أُمِّ سَلَمَةَ عَنِ النَّبِيِّ ﷺ قَالَ: مَنْ أَنْفَقَ عَلَى ابْنَتَيْنِ أَوْ أُخْتَيْنِ أَوْ ذَوِي قَرَابَةٍ يَحْتَسِبُ بِالنَّفَقَةِ حَتَّى يَكْفِهُمَا اللهُ أَوْ يُغْنِيهُمَا مِنْ فَضْلِهِ كَانَتَا لَهُ سِتْرًا مِنَ النَّارِ.

---

128 Taberânî, *el-Kebîr*, 24/26 (68).

195. Ümmü Seleme'den (r.a) rivayet edildiğine göre, Resûlullah (s.a.v) şöyle buyurdu:

"Kim iki kızına, iki kızkardeşine veya akrabalarına Allah onlara kâfi gelinceye veya onları ihsanından zenginleştirinceye kadar onların nafaka ihtiyaçları ile yetinip ilgilense ve onlara infakta bulunursa, onlar da, o kimse için ateşe karşı bir örtü olur."[129]

---

[129] Ahmed, *Müsned,* 6/293.

SILA-İ RAHÎM
(AKRABALARI ZİYARET)

عَنْ أَبِي هُرَيْرَةَ عَنِ النَّبِيِّ ﷺ قَالَ: تَعَلَّمُوا مِنْ أَنْسَابِكُمْ مَا تَصِلُونَ بِهِ أَرْحَامَكُمْ فَإِنَّ صِلَةَ الرَّحِمِ مَحَبَّةٌ فِي الْأَهْلِ وَمَثْرَاةٌ فِي الْمَالِ وَمَنْسَأَةٌ فِي الْأَثَرِ.

196. Ebû Hüreyre'den (r.a) rivayet edildiğine göre, Resûlullah (s.a.v) şöyle buyurdu: *"Nesebinizi, ziyaret ettiğiniz akrabalarınızı öğrenin. Çünkü akrabalarla ilişki, aile içinde sevgi, malda bolluk ve ömürde uzunluk (için bir sebep) oluşturur."* [130]

علاقة

عَنْ إِسْمَاعِيلَ بْنِ أُمَيَّةَ قَالَ سَمِعْتُ يَزِيدَ الرُّقَّاشِي يَقُولُ بَلَغَنِي أَنَّ رَسُولَ اللّٰهِ ﷺ قَالَ: مَنْ أَحَبَّ أَنْ يَزِيدَ اللّٰهُ فِي رِزْقِهِ وَيُنْسِىءَ فِي أَجَلِهِ فَلْيَتَّقِ رَبَّهُ وَلْيَصِلْ رَحِمَهُ.

---

130 Tirmizî, Birr ve's-Sıla, 4/351 (1979); Ahmed, *Müsned*, 2/374; Hâkim, *Müstedrek*, 4/161.

197. İsmail b. Ümeyye'den (rah) rivayet edilmiştir: Yezid er-Rukkâşî'nin (rah) şöyle dediğini işittim: "Bana ulaştığına göre, Resûlullah (s.a.v) şöyle buyurdu:

"Kim, Allah'tan rızkını arttırmasını ve ömrünün uzamasını istiyorsa, Rabbinden korksun ve akrabalarını ziyaret etsin." [131]

❦

198. Meğrâ'dan (rah) rivayet edildiğine göre, Abdullah İbn Ömer (r.a) şöyle dedi: "Kim Rabbinden korkar, akrabasını ziyaret ederse, malı artar, ömrü uzar ve ailesi onu sever."[132]

❦

عَنْ أَنَسِ بْنِ مَالِكٍ قَالَ قَالَ رَسُولُ اللهِ ﷺ: مَنْ أَحَبَّ أَنْ يُمَدَّ لَهُ فِي عُمْرِهِ وَيُزَادُ فِي رِزْقِهِ فَلْيَبَرَّ وَالِدَيْهِ وَلْيَصِلْ رَحِمَهُ.

199. Enes b. Mâlik'den (r.a) rivayet edildiğine göre, Resûlullah (s.a.v) şöyle buyurmuştur: *"Kim ömrünün uzamasını ve rızkının artmasını isterse, anne babasına iyi davransın ve akrabalarını ziyaret etsin."* [133]

❦

---

[131] Buhârî, Edeb, 10/415 (5985); Ahmed, *Müsned,* 1/143; Hâkim, *Müstedrek,* 4/160; Buhârî, *Edebu'l-Müfred,* (574).

[132] Buhârî, *Edebu'l-Müfred,* (58).

[133] Buhârî, Büyu, 4/301 (2067); Müslim, Birr ve's-Sıla, 4/1982 (2557); Ebû Dâvûd, Zekât, 2/132 (1693); Ahmed, *Müsned,* 3/229, 247, 266; İbni Ebi'd-Dünya, *Mekârimu'l-Ahlâk,* (244); Ebu Nuaym, *Hilye,* 3/107; Buhârî, *Edebu'l-Müfred,* (56).

200. Meğrâ'dan (rah) rivayet edildiğine göre, Abdullah İbn Ömer (r.a) şöyle demiştir: "Kim Rabbinden korkar, akrabasını ziyaret ederse, malı artar, ömrü uzar ve ailesi onu sever."

Meğrâ (rah) demiştir ki: "Abdullah İbn Ömer'in (r.a) bu sözü, Resûlullah'a (s.a.v) isnad edip etmediğini bilmiyorum." 134

---

134 Buhârî, *Edebu'l-Müfred*, (59).

ANNE-BABAYA NASİHAT ETMEK

201. Selâm b. Selim el-Hanefî'nin (rah), Hasan-ı Basrî'den (rah) rivayet ettiğine göre, bir adam Hasan'a (rah),

– Gerektiğinde anne babama iyiliği emredip kötülükten alıkoyabilir miyim? diye sordu. Hasan (rah),

– Eğer onlar bunu hoş karşılamıyorlarsa, yapma, dedi.

☙

202. A'meş'ten (rah) rivayet edilmiştir: İbrahim (en-Nehaî)'e, babasıyla ya da kardeşiyle iki ay boyunca konuşmayacağına yemin eden kimsenin durumu soruldu. İbrahim (rah), "O kimse, babasının, kardeşinin ziyaretine gider; onlara ikramda bulunur, ancak (yeminini bozmamak için) onlarla konuşmaz" diyerek cevap verdi.

☙

203. Muhammed b. Ebû Hâdır'dan (rah) rivayet edilmiştir: "Hasan-ı Basrî'nin (rah) (adının şöhret) bulduğu ilk olay şöyleydi: Bir adam, içinde Hasan'ın (rah) da bulunduğu bir (sohbet) halkasına geldi ve şu soruyu sordu,

– Annesinin kendisine karşı üstünlük sağladığı (baskın ve hâkim olduğu) bir adam hakkında ne dersiniz? O kimse annesine zarar mı verir yoksa bağlar mı?

Toplulukta bulunanlar o kimseye, annesi hakkında bir şey demek hususunda çekindiler. Ona, hiçbir cevap vermediler. Bunun üzerine Hasan (rah),

– Hangi adam annesini bağlayabilir ki?! Şüphesiz annenin rızasına, onu Allah'ın yasaklarından uzak tutmaktan daha iyi bir şekilde ulaşamazsın, dedi. İnsanlar, «Hasan (rah) şöyle şöyle dedi» dediler. İşte bu, Hasan'ın (adının şöhret) bulduğu ilk olaydı."

YETİME BAKMAK VE TERBİYE ETMEK

عَنْ إِسْمَاعِيلِ بْنِ أُمَيَّةَ أَثْبَتَ لَنَا عَنِ النَّبِيِّ ﷺ أَنَّهُ قَالَ: اَلسَّاعِي عَلَى الْأَرْمَلَةِ وَالْمِسْكِينِ وَالْمِسْكِينَةِ كَالْمُجَاهِدِ فِي سَبِيلِ اللّٰهِ الْقَائِمِ لَيْلَهُ الصَّائِمِ نَهَارَهُ وَ كَافِلُ الْيَتِيمِ لَهُ أَوْ لِغَيْرِهِ إِذَا اتَّقَى اللّٰهَ فَأَنَا وَهُوَ فِي الْجَنَّةِ كَهَاتَيْنِ يَعْنِي أُصْبُعَيْهِ.

204. İsmâil b. Ümeyye'den (r.a) rivayet edildiğine göre, Resûlullah (s.a.v) şöyle buyurmuştur:

"Dul kadın, fakir erkek ve fakir kadınlar(ın ihtiyaçlarını gidermek) için koşuşturan kimse, Allah yolunda gece namaz kılıp, gündüz oruç tutan mücahid gibidir. Kendisinin veya başkasının olsun, yetime bakan kimse, (bu konuda) Allah'tan korkarsa, ben ve o, -parmaklarıyla işaret ederek-cennette bunun gibi yan yana beraberiz." [135]

---

[135] Buhârî, Edeb, 7/76-77 (6006, 6007); Nafakat, 6/189 (5353); Müslim, Zühd, 4/2286 (2982); Tirmizî, Birr ve's-Sıla, 4/346 (1969); İbni Mâce, Ticaret, 2/724; Nesâî, Zekat, 5/86; Ahmed, *Müsned,* 2/361; Beyhâkî, *Sünen,* 6/283; Buhârî, *Edebu'l-Müfred,* (131).

عَنْ أُمِّ سَعِيدِ بِنْتِ مُرَّةَ الْفِهْرِيِّ عَنْ أَبِيهَا عَنِ النَّبِيِّ ﷺ: كَافِلُ الْيَتِيمِ لَهُ أَوْ لِغَيْرِهِ إِنْ اتَّقَى اللهَ فَأَنَا وَهُوَ فِي الْجَنَّةِ كَهَذِهِ مِنْ هَذِهِ وَأَشَارَ بِأُصْبُعَيْهِ.

205. Mürre el-Fihrî'nin kızı Ümmü Saîd (rah), babasından rivayet ettiğine göre, Resûlullah (s.a.v) parmaklarıyla işaret ederek şöyle buyurdu: *"Kendisinin olsun veya başkasının olsun, bir yetime bakan kimse, (bu konuda) Allah'tan korkarsa, ben ve o, cennette bunun gibiyiz."* [136]

❦

عَنْ أَبِي أُمَامَةَ قَالَ قَالَ رَسُولُ اللهِ ﷺ: مَنْ مَسَحَ بِرَأْسِ يَتِيمٍ لاَ يَمْسَحُهُ إِلاَّ للهِ عَزَّ وَجَلَّ كَانَتْ لَهُ بِكُلِّ شَعْرَةٍ مَرَّتْ عَلَيْهَا يَدُهُ حَسَنَاتٌ وَمَنْ أَحْسَنَ إِلَى يَتِيمَةٍ أَوْ يَتِيمٍ عِنْدَهُ كُنْتُ أَنَا وَهُوَ فِي الْجَنَّةِ كَهَاتَيْنِ وَقَرَّبَ بَيْنَ أُصْبُعَيْهِ.

206. Ebû Ümâme'den (r.a) rivayet edildiğine göre, Resûlullah (s.a.v) bir hadislerinde,

"Kim, sadece; Aziz ve Yüce olan Allah'ın rızası için bir yetimin başını okşarsa, elinin değdiği her saç teli için ona sevap vardır. Kim de, yanındaki (bakmakla mükellef olduğu veya bakmayı üstlendiği) bir yetim kız veya erkeğe iyi-

136 Buhârî, Edeb, 7/76; Tirmizî, Birr ve's-Sıla, 4/321; Ebû Dâvûd, Edeb, 5/356; Ahmed, *Müsned,* 5/333; Malik, *Muvatta,* (676); Buhârî, *Edebu'l-Müfred,* (133); Taberânî, *el-Kebîr,* 20/320 (758).

likte bulunursa, ben ve o, - Resûlullah (s.a.v) parmaklarını bitiştirdi- cennette bunun gibiyiz." buyurdu. [137]

❧

عَنْ مَالِكِ بْنِ عَمْرٍو أَوْ عَمْرِ بْنِ مَالِكٍ قَالَ قَالَ رَسُولُ اللهِ ﷺ:
صَمَّ يَتِيمَةً بَيْنَ أَبَوَيْنِ حَتَّى تَسْتَغْنِي وَجَبَتْ لَهُ الْجَنَّةُ الْبَتَّةَ.

207. Mâlik b. Amr (r.a) veya Amr b. Mâlik'den (r.a) rivayet edildiğine göre, Resûlullah (s.a.v) şöyle buyurdu: *"Kim yetim bir kızı, ihtiyacı kalmayıncaya kadar bir anne babanın yanında tutarsa, onun için cennet vacip olur."* [138]

❧

عَنْ أَبِي هُرَيْرَةَ قَالَ قَالَ رَسُولُ اللهِ ﷺ: خَيْرُ بَيْتٍ فِي الْمُسْلِمِينَ
بَيْتٌ فِيهِ يَتِيمٌ يُحْسَنُ إِلَيْهِ وَشَرُّ بَيْتٍ فِي الْمُسْلِمِينَ بَيْتٌ فِيهِ
يَتِيمٌ يُسَاءُ إِلَيْهِ. ثُمَّ قَالَ بِأُصْبُعَيْهِ: أَنَا وَكَافِلُ الْيَتِيمِ فِي الْجَنَّةِ
كَهَاتَيْنِ وَهُوَ يُشِيرُ بِأُصْبُعَيْهِ.

208. Ebû Hüreyre'den (r.a) rivayet edildiğine göre, Resûlullah (s.a.v) şöyle buyurdu:

"Müslümanların (evleri) arasındaki en hayırlı ev, içinde kendisine ihsanda bulunulan bir yetimin bulunduğu evdir. Müslümanların (evleri) arasındaki en kötü ev de, içinde kendisine kötülükte bulunulan bir yetimin bulunduğu evdir." Sonra Resûlullah (s.a.v) iki parmağını göstererek,

---

137 Ahmed, *Müsned*, 5/250, 265; Taberânî, *el-Kebîr*, 8/239 (7821).
138 Ahmed, *Müsned*, 4/344; Taberânî, *el-Kebîr*, 19/300 (667, 668, 669, 670).

"Ben ve yetime bakan kimse, cennette böyleyiz" buyurdu.[139]

۶

209. Şumeyse (rah), Hz. Âişe'nin (r.anh), yetimin terbiyesi konusunda şöyle dediğini rivayet etti: "Şüphesiz ben, (terbiye ve eğitim amacıyla, gerekli gördüğümde) yetimi döve(bili)rim." [140]

۶

عَنِ الْحَسَنِ الْعَزْنِيِّ أَنَّ رَجُلاً قَالَ: يَا رَسُولَ اللهِ إِنَّ عِنْدِي يَتِيمًا
أَفَآكُلُ مِنْ مَالِهِ؟ قَالَ: بِالْمَعْرُوفِ غَيْرَ مُتَأَثِّلٍ مَالاً وَلاَ وَاقٍ مَالُكَ
بِمَالِهِ. قَالَ: فَأَضْرِبُهُ؟ قَالَ: مَا كُنْتَ ضَارِبًا مِنْهُ وَلَدَكَ.

210. Hasan el-Arnî'den (r.a) rivayet edilmiştir: Bir adam,

– Ey Allah'ın Rasûlü, yanımda barınan bir yetim var. Onun malından yiyebilir miyim? diye sordu. Resûlullah (s.a.v),

– *Malı (kendin için) biriktirmeden ve malını onun malına karıştırmadan güzellikle yiyebilirsin,* buyurdu. Adam,

– (Terbiyesi için) Ona vurabilir miyim? diye sordu. Resûlullah (s.a.v),

– *Ancak çocuğuna vurduğun kadar (vurabilirsin),* buyurdu. [141]

---

[139] İbni Mâce, Edeb, 2/1213 (3679); Buhârî, *Edebu'l-Müfred,* (137).

[140] Buhârî, *Edebu'l-Müfred,* (142); Beyhâkî, *Sünen,* 6/285.

[141] Ebu'l-Kasım Süleyman b. Ahmed et-Taberânî, *Mu'cemu's-Sağir,* (tsh. Abdurrahman Muhammed Osman), el-Mektebetu's-Selefiyye, Medine, 1/89.

❧

211. Saîd b. Ebû Eyyûb (rah) dedi ki; babam bana şunu anlattı: Abdullah b. Ömer'in (r.a), odasında uyumakta olan kölesine (terbiye etmek için) vurduğunu gördüm. Şöyle diyordu: "Çık dışarı!"

❧

عَنْ أُمِّ سَعِيدٍ بِنْتِ مُرَّةَ الْفِهْرِيِّ عَنْ أَبِيهَا عَنِ النَّبِيِّ ﷺ قَالَ: كَافِلُ الْيَتِيمِ لَهُ أَوْ لِغَيْرِهِ إِذَا اتَّقَى اللّٰهَ فَأَنَا وَهُوَ فِي الْجَنَّةِ كَهَاتَيْنِ أَوْ كَهَذِهِ مِنْ هَذِهِ وَأَشَارَ سُفْيَانُ بِأُصْبُعَيْهِ السَّبَابَةِ وَالْوُسْطَى.

212. Mürre el-Fihrî'nin kızı Ümmü Saîd (rah), babasından rivayet ettiğine göre, Resûlullah (s.a.v) şöyle buyurdu:

"Kendisinin olsun veya başkasının olsun, bir yetime bakan kimse, (bu konuda) Allah'tan korkarsa, ben ve o, cennette şunun gibi (beraberiz)." Hadisin ravilerinden Süfyân b. Uyeyne (rah) (bu beraberliği belirtmek için) şehâdet ve orta parmağı gösterdi.[142]

❧

213. Hasan-ı Basrî'den (rah) rivayet edildiğine göre, Abdullah b. Ömer'in (r.a) yemeğinde bir yetim bulunur, beraber yemek yerlerdi. Yine bir gün, Abdullah b. Ömer (r.a) yemeğin getirilmesini ve bir yetimin de yemeğe çağrılmasını istedi. Aradılar ancak yetim bulamadılar. Abdullah b.

---

[142] Buhârî, Edeb, 7/76; Tirmizî, Birr ve's-Sıla, 4/321; Ebû Dâvûd, Edeb, 5/356; Ahmed, *Müsned*, 5/333; Malik, *Muvatta*, (676); Buhârî, *Edebu'l-Müfred*, (133); Taberânî, *el-Kebîr*, 20/320 (758).

Ömer (r.a) yemeği bitirdikten az sonra bir yetim çıkageldi. Bunun üzerine Abdullah b. Ömer diğer yemeğin yetime getirilmesini istedi. Yemek olarak ona sevik[143] ve bal getirildi. Abdullah b. Ömer (r.a) yetime,

– Yemeğe yaklaş (gel, ye!) Ben seni aldatıp hakkını yemedim (Benim yediğimden daha iyisine sahip oldun.), dedi.

Hasan şöyle demiştir: Vallahi İbn Ömer de aldanmadı (çünkü büyük bir sevaba nail oldu).

❧

214. Ebû Nuceyh'ten (rah) rivayet edildiğine göre, Mücâhid (rah) ve Katâde (rah), *"...yakınlara, yetimlere, yoksullara, yakın komşuya... İyilik edin."* (Nisâ 4/36) âyetinin tefsiri hakkında şöyle dediler: "Komşun, sana yakınlığı olandır. Yanındaki komşu, diğer bir topluluktan olan komşundur. Yanındaki arkadaş, yolculuktaki arkadaşındır. Yolda kalmış ise, yolculukta iken sana uğrayandır." [144]

❧

215. Alkame b. Zeberkân'dan (rah) rivayet edildiğine göre, Ebû Hüreyre (r.a) şöyle demiştir: "(Ziyarete) Yakın komşundan önce uzak komşunla başlama! Uzak komşundan önce yakın olandan başla!" [145]

❧

216. Mücâhid'den (rah) rivayet edilmiştir: "Abdullah b. Amr'ın (r.a) yanındaydık. Kölesi, bir koyunun derisini yüzüyordu. Abdullah b. Amr (r.a),

---

[143] Sevik: püre, kavrulmuş un
[144] İbni Cerîr, *et-Tefsir*, 5/50-53; Abdurrezzâk, *et-Tefsir*, 1/159.
[145] Buhârî, *Edebu'l-Müfred*, (110).

– İşini bitirdiğinde, (eti dağıtmak için) en yakın komşumuzdan başla! dedi. Bunu üç defa tekrarladı. Bunun üzerine topluluktan bir adam,

– Yahudi olan komşunun hakkını ne kadar çok gözetip koruyorsun, dedi. Bunun üzerine Abdullah b. Amr (r.a),

– Bizler Resûlullah'tan (s.a.v), komşuluk haklarına riayet etmek hususunda o kadar çok tavsiye işittik ki, neredeyse komşunun komşuya varis kılınacağını zannettik." [146]

⚡

217. Mücâhid (rah), Abdullah b. Amr'dan (r.a) benzer hadisi rivayet etmiştir.[147]

⚡

عَنْ عَبْدِ اللهِ بْنِ عَمْرٍو عَنِ النَّبِيِّ ﷺ قَالَ: خَيْرُ الْأَصْحَابِ عِنْدَ اللهِ
عَزَّ وَجَلَّ خَيْرُهُمْ لِصَاحِبِهِ وَخَيْرُ الْجِيرَانِ عِنْدَ اللهِ عَزَّ وَجَلَّ
خَيْرُهُمْ لِجَارِهِ.

218. Abdullah b. Amr'dan (r.a) rivayet edildiğine göre, Resûlullah (s.a.v) şöyle buyurmuştur:

"Aziz ve Yüce olan Allah katında arkadaşların en hayırlısı, arkadaşına karşı en iyi olandır. Aziz ve Yüce olan Allah katında komşuların en iyisi de, komşusuna karşı en iyi olandır." [148]

[146] Buhârî, Edeb, 10/441 (6015); Müslim, Birr ve's-Sıla, 4/2025 (2625); Buhârî, *Edebu'l-Müfred,* (128); İbni Ebi'd-Dünya, *Mekârimu'l-Ahlâk,* (320); Taberânî, *el-Kebîr,* 12/415 (13531).

[147] Tirmizî, 4/333 (1943); Ebû Dâvûd, Edeb, 4/338 (5152); Buhârî, *Edebu'l-Müfred,* (105);

[148] Tirmizî, Edeb, 4/333 (1944); Dârimî, 2/215; Ahmed, *Müsned,* 2/167; Hâkim, *Müstedrek,* 4/164; Buhârî, *Edebu'l-Müfred,* (115); İbni Ebi'd-Dünya, *Mekârimu'l-Ahlâk,* (329).

ﻪﺷ

أَخْبَرَنَا سُفْيَانُ يَرْفَعُهُ قَالَ: كَمْ مِنْ جَارٍ مُتَعَلِّقٌ بِجَارِهِ يَوْمَ الْقِيَامَةِ
يَقُولُ يَا رَبِّ أَغْلَقَ بَابَهُ دُونِي وَمَنَعَنِي مَعْرُوفَهُ.

219. Bize Süfyân (rah), şu hadisi rivayet etti: (Resûlullah (s.a.v) şöyle buyurdu:

"Nice komşu vardır ki, kıyamet günü beraberinde komşusu olduğu halde, «Ey Rabbim, bu (komşum) kapısını bana kapattı ve iyiliğini benden esirgedi» der."[149]

ﻪﺷ

سَمِعْتُ أَبَا هُرَيْرَةَ يَقُولُ قَالَ رَسُولُ اللهِ ﷺ: مَا زَالَ جِبْرِيلُ يُوصِينِي
بِالْجَارِ حَتَّى ظَنَنْتُ أَنَّهُ سَيُوَرِّثُهُ.

220. Ebû Hüreyre'nin (r.a) şöyle dediğini işittim: Resûlullah (s.a.v) şöyle buyurdu:

"Cebrâil bana komşu (hakkında o kadar) tavsiyede bulundu ki, komşuyu (komşuya) vâris kılacağını zannettim."[150]

ﻪﺷ

221. Ebû Hüreyre (r.a) demiştir ki: "Komşusu, kendisinin zararlarından (kötülüklerinden) emin olmadıkça kul (tam anlamıyla) iman etmiş sayılmaz."[151]

ﻪﺷ

---

[149] Dârimî, Birr, (3) 2/34; Buhârî, *Edebu'l-Müfred*, (111).

[150] İbni Mâce, Edeb, 2/1211 (3674); Ahmed, *Müsned*, 2/259, 305, 445.

[151] Müslim, İman, 1/68 (46); Ahmed, *Müsned*, 2/288, 332, 372; Hâkim, *Müstedrek*, 1/10; Buhârî, *Edebu'l-Müfred*, (121).

عَنْ أَبِي عَبْدُ الرَّحْمٰنِ الْحَبْلِي قَالَ: جَاءَ رَجُلٌ إِلَى النَّبِيِّ يَشْكُو
إِلَيْهِ جَارَهُ. فَقَالَ لَهُ رَسُولُ اللهِ ﷺ: كَفَّ عَنْهُ أَذَاكَ وَاصْبِرْ لِأَذَاهُ فَكَفَى
بِالْمَوْتِ مُفْرِقًا.

222. Ebû Abdurrahman el-Hablî'den (r.a) rivayet edilmiştir; dedi ki: "Bir adam Resûlullah'a (s.a.v) geldi ve komşusunu şikâyet etti. Bunun üzerine Resûlullah (s.a.v) ona,

"Ona eziyet etmekten kaçın, eziyetine sabret. Bir ayırıcı olarak ölüm yeter" buyurdu.[152]

۩

عَنْ أَبِي هُرَيْرَةَ عَنِ النَّبِيِّ ﷺ قَالَ: يَا نِسَاءَالْمُسْلِمَاتِ ثَلَاثًا لَا تَحْقِرَنَّ
جَارَةٌ لِجَارَتِهَا شَيْئًا وَلَوْ فِرْسِنَ شَاةٍ وَلَا يَحِلُّ لِامْرَأَةٍ تُؤْمِنُ بِاللهِ
وَالْيَوْمِ الْآخِرِ أَنْ تُسَافِرَ مَسِيرَةَ يَوْمٍ وَاحِدٍ وَلَيْسَ مَعَهَا ذُو حُرْمَةٍ.

223. Ebû Hüreyre'den (r.a) rivayet edildiğine göre, Resûlullah (s.a.v),

– *Ey müslüman kadınlar! diye üç defa seslendikten sonra şöyle devam etti:*

– *Bir kadın, komşusunu (vermiş olduğu) bir koyun paçası bile olsa, herhangi bir şeyden dolayı küçümsemesin. Allah'a ve kıyamet gününe inanan bir kadının, yanında bir mahremi olmadıkça bir günlük yola gitmesi helâl değildir."*[153]

---

152 İbni Ebi'd-Dünya, *Mekârimu'l-Ahlâk*, (327).

153 Buhârî, Edeb, 10/445 (6017); Taksiru's-Salât, 2/566 (1088); Müslim, Zekât, 2/714 (1030); Hacc, 2/977 (1339); Ahmed, *Müsned*, 2/264, 307, 493, 506; Buhârî, *Edebu'l-Müfred*, (132); Beyhâkî, *Sünen*, 3/139.

❦

عَنْ عَبْدُ اللهِ بنِ الصَّامِتِ عَنْ أَبِي ذَرٍّ قَالَ: أَوْصَانِى خَلِيلِى أَنْ
أَسْمَعَ وَأُطِيعَ وَلَوْ لِعَبْدٍ مَجَدَّعَ الْأَ طْرَافِ وَإِذَا صَنَعْتَ مَرَقَةً
فَأَكْثِرْ مَاءَهَا ثُمَّ انْظُرْ إِلَى أَهْلِ بَيْتٍ مِنْ جِيرَانِكَ فَأَصِبْهُمْ مِنْهُ
بِمَعْرُوفٍ وَصَلِّ الصَّلَاةَ لِوَقْتِهَا فَإِنْ وَجَدْتَ الإِمَامَ قَدْ صَلَّى
فَقَدْ أَحْرَزْتَ صَلَاتَكَ وَإِلَّا فَهِيَ نَافِلَةً.

224. Abdullah b. es-Sâmit'ten (rah) rivayet edildiğine
göre, Ebû Zerr (r.a) şöyle anlatmıştır: "Dostum (Resûlullah)
bana, âzaları kesik köle de olsa da (başa geçirildiğinde)
onu dinleyip itaat etmemi vasiyet etti. Bir çorba yaptığın-
da, suyunu çok koy, sonra komşularının ailelerine bak ve
(ihtiyacı olanlara) güzel bir şekilde dağıt. Namazı vaktinde
kıl. (Sen namazı kıldıktan sonra, mescide gittiğinde) imamı
namazı kılmış bulursan, zaten sen farz namazını kılmıştın.
İmam kılmamış ise (ona uyarsın ve böylelikle ikinci defa
kıldığın) bu namaz nafile olur." [154]

❦

225. Hasan-ı Basrî'den (rah) rivayet edildiğine göre,
Lokmân (as), oğluna şöyle dedi: "Ey oğlum! Büyük kaya
ve demir taşıdım. Ancak, kötü komşudan daha ağır bir yük
taşımadım. Ey oğlum! Hidayete ulaştığın gibi, ev halkına
da doğru yolu göster!"[155]

---

[154] Müslim, Birr ve's-Sıla, 4/2025 (143); Ahmed, *Müsned,* 5/156, 161,
171; Dârimî, 2/108; Beyhâkî, *Sünen,* 3/88; Humeydî, *Müsned,* 139.
[155] İbni Ebi Şeybe, *Musannef,* 13/215 (16143); İbni Ebi'd-Dünya, *Mekâ-
rimu'l-Ahlâk,* (350).

❦

226. Mücâhid'den (rah) rivayet edildiğine göre, Ebû Zerr (r.a) şöyle demiştir: "Üç belâ vardır: Sen ihsanda (iyilikte) bulunduğunda kabul etmeyen ve kötülük ettiğinde bağışlamayan kötü yönetici. Kocası kendisini sevdiği halde, namusunda ve malında ona ihanet eden kötü kadın ki, kocası onu boşamaya güç yetiremez. İyilik gördüğünde onu söndüren/yok eden ve bir kötülük gördüğünde onu çevreye duyuran kötü komşu."

❦

عَنْ أَبِي عِمْرَانَ الْجَوْنِي قَالَ سَمِعْتُ رَجُلاً مِنْ قُرَيْشٍ يُقَالُ لَهُ
أَبُو طَلْحَةَ يَقُولُ: قَالَتْ عَائِشَةُ: يَا رَسُولَ اللهِ إِنَّ لِي جَارَتَيْنِ إِلَى
أَيَّتِهِمَا أُهْدِي؟ قَالَ: إِلَى أَقْرَبِهِمَا مِنْكَ بَابًا.

227. Ebû İmrân el-Cevnî'den (rah) rivayet edilmiştir: Kureyş'ten Ebû Talhâ (rah) adlı bir adamın, Hz. Âişe'den (r.anh) rivayetle şöyle dediğini işittim:

– Ey Allah'ın Rasûlü, benim iki komşum var. Hangisine hediye vereyim? Resûlullah (s.a.v) şöyle buyurdu:

– *En yakın kapı komşuna ver.* [156]

❦

---

[156] Buhârî, Edeb, 10/447 (6020); Ebû Dâvûd, Edeb, 4/339 (5155); Ahmed, *Müsned,* 6/175, 187, 193, 239; Hâkim, *Müstedrek,* 4/167; Buhârî, *Edebu'l-Müfred,* (107, 108); İbni Ebi'd-Dünya, *Mekârimu'l-Ahlâk,* (335). Elimizde bulunan nüshada hadisin metninde eksiklikler görüldüğü için, aynı hadis diğer kaynaklardan görülerek tercüme edilmiştir. Bkz.: Ahmed b. Hanbel, *el-Müsned,* 5/149. (Redaksiyon eden)

228. İbn Şihâb'dan (rah) rivayet edildiğine göre, Ümmü Seleme (r.anh) şöyle demiştir: "Ben şu üç şey için hediye veririm:

1. Karşılık olarak verilen hediye; çünkü biz kimseye karşı minnet altında kalmak istemeyiz. Kim bulabildiği oranda bir hediye verirse, karşılığını alır.

2. Bir karşılık beklemeden, sırf Yüce olan Allah rızası için verdiğim hediye.

3. Kendisiyle (kötülükten) korunma istediğim hediye. Çünkü ben, hakkımda hayırdan başka bir şey söylenmesini istemem."

❦

229. Abdurrahman b. Mehdî (rah), İbn Mübârek'den (rah) yukarıdaki haberin benzerini rivayet etmiştir.

❦

عَنْ عُبَيْدِ بْنِ أَبِي الْجَعْدِ عَنْ عَائِشَةَ أَنَّهَا كَانَتْ إِذَا بَعَثَتْ بِالْهَدِيَّةِ قَالَتْ لِلرَّسُولِ ﷺ: مَا قَالُوا لَكَ؟ فَيَقُولُ: قَالُوا بَارَكَ اللهُ فِيكُمْ فَتَقُولُ وَفِيهِمْ فَبَارَكَ اللهُ.

230. Ubeyd b. Ebû'l-Ca'd (rah), Hz. Âişe'den (r.anh) rivayet ettiğine göre, Hz. Âişe (r.anh) (herhangi bir kimseye) bir hediye gönderdiğinde, aracı olan kimseye, "Sana ne diyorlar?" diye sorardı. Hediyeyi götüren kimse,

– Allah sizi mübarek kılsın, diyorlar, dediğinde Hz. Âişe (r.anh),

– *Allah da onları mübarek kılsın,* buyururdu. [157]

❧

231. Sâbit b. Eslem el-Bennânî'den (rah) rivayet edilmiştir: Âişe (r.anh), ehl-i beyt'e bir şey gönderdiğinde, elçiye,

– Onların dediklerini aklında tut, derdi. Aracı olan kadın gelir ve,

– Senin hakkında şöyle şöyle diyorlar, derdi. Hz. Âişe de (r.anh), onların söylediklerine aynı şekilde karşılık verirdi.

Hz. Âişe'ye (r.anh), güzel sözlerle hitap edildiğinde, Hz. Âişe de (r.anh) şöyle derdi: "Şüphesiz onlar benim verdiğim sadakadan daha üstün bir şey söylüyorlar. Onların söylediklerine aynı şekilde karşılık veriyorum ki, verdiğim sadakadan herhangi bir şey eksilmesin (halis, saf haliyle kalsın)."

❧

أَخْبَرَنَا مُوسَى بْنِ عَلِيِّ بْنِ رَبَاحٍ قَالَ سَمِعْتُ أَبِي يَحْدُثُ عَنْ رَسُولِ اللهِ ﷺ أَنَّهُ قَالَ: اَلْهَدِيَّةُ رِزْقٌ مِنَ اللهِ فَمَنْ أُهْدِيَ لَهُ شَيْءٌ فَلْيَقْبَلْهُ وَلْيُعْطِ خَيْرًا مِنْهُ.

232. Musâ b. Ali b. Rabâh'dan (rah) rivayet edilmiştir: Babamın Resûlullah'dan (s.a.v) şu hadisi rivayet ettiğini işittim:

"Hediye, Allah'dan bir rızıktır. Kime bir şey hediye edilirse, derhal onu kabul etsin ve (imkanı varsa) ondan daha iyisini versin."

---

[157] Ahmed b. Muhammed b. İshak ed-Dineverî, İbnu's-Sinnî, *Amelu'l-Yevm ve'l-Leyle,* 2. bas., Mektebetu'l-İmdadiyye, Mekke, (278).

وَ

عَنِ الْحَسَنِ قَالَ قَالَ رَسُولُ اللهِ ﷺ: لاَ يُرِدْنَ الرَّجُلُ هَدِيَّةَ أَخِيهِ فَإِنْ
وَجَدَ فَلْيُكَافِئْ فَوَالَّذِى نَفْسِى بِيَدِهِ لَوْ أُهْدِىَ إِلَيَّ ذِرَاعٌ لَقَبِلْتُهُ
وَلَوْ دُعِيتُ إِلَى كُرَاعٍ لَأَجَبْتُ.

233. Hasan(-ı Basrî)'den (rah) rivayet edildiğine göre, Resûlullah (s.a.v) şöyle buyurdu:

"Kişi, (din) kardeşinin hediyesini reddetmesin. Eğer (ona verebileceği bir şey) bulursa, karşılıkta bulunsun. Nefsim elinde olan Allah'a yemin ederim ki, bana bir but hediye edilse kabul ederim. Bir (koyun) paçası yemeye davet edilsem, elbette yine icabet ederim."[158]

وَ

234. Enîs b. Ebû Yahyâ'dan (rah) rivayet edilmiştir: "Ebû Hüreyre (r.a), Yemen halkından, kendisine 'Ebû Tureyfe' denilen bir adamla iyi dostukları vardı. Ebû Hüreyre (r.a), onu evinde ziyaret ediyordu. Ebû Tureyfe'nin (rah), 'Emîn' adlı bir komşusu vardı. Tüccarlar onun evinde toplanır, o da onlar için yemek yapardı. Ebû Hüreyre (r.a), Ebû Tureyfe'ye (rah),

– Komşun sana bu yemeklerden bir şey hediye ediyor mu? diye sordu. Ebû Tureyfe (rah),

– Hayır, dedi. Bunun üzerine Ebû Hüreyre dışarı çıktı, Emin'in (rah) evinin yanında durdu ve yüksek bir sesle üç defa,

---

158 Buhârî, Nikâh, 9/245 (5178); Ahmed, *Müsned,* 2/424, 479, 481, 512.

– Ebû Tureyfe'ye yaptığından dolayı, kıyâmet günü Emîn'e yazıklar olsun! dedi. Emîn (rah) hemen geldi ve şöyle dedi:

– Haklısın ey Ebû Hüreyre! Allah'a yemin olsun ki, bundan böyle benim evime giren her şey onun evni de girecek, dedi.

عَنْ أَبِي هُرَيْرَةَ عَنِ النَّبِيِّ ﷺ قَالَ: تَهَادَوْا فَإِنَّ الْهَدِيَّةَ تُذْهِبُ وَحَرَ الصَّدْرِ وَلاَ تَحْقِرَنَّ جَارَةٌ لِجَارَتِهَا وَإِنْ كَانَ شِقَّ فِرْسِنِ شَاةٍ.

235. Ebû Hüreyre'den (r.a) rivayet edildiğine göre, Resûlullah (s.a.v) şöyle buyurmuştur:

"Hediyeleşiniz! Çünkü hediye, göğüsteki kini/kuşkuyu giderir. Bir koyun paçasının parçası (yarısı) bile olsa, bir komşu kadın, komşusu olan kadından geleni küçük görmesin." [159]

236. Ebû Hamzâ et-Temmâr'dan (rah) rivayet edilmiştir: "Hasan-ı Basrî'ye (rah),

– Bizim, (ticarette) eksik tartan, içki içen ve sürekli kadınlardan bahseden bir komşumuz vardı, öldü (ne yapmam lazım), dedim. Hasan (rah),

– Ona git, onun cenaze ihtiyaçlarını hazırla, onu yıka ve cenaze namazını kıl. Çünkü bu, müslümanın diğer müslüman üzerindeki son hakkıdır, dedi."

---

[159] Tirmizî, Velâ, 4/441 (2130); Ahmed, *Müsned,* 2/405.

عَنِ الْحَسَنِ أَنَّهُ سَمِعَهُ يَقُولُ قَالَ رَسُولُ اللهِ ﷺ : أَلَا هَلْ عَسَى رَجُلٌ أَنْ يَبِيتَ فِصَالُهُ رَوَاءٍ وَابْنُ عَمِّهِ طَاوٍ إِلَى جَنْبِهِ؟ إِلَّا مِنْ رَجُلٍ يَمْنَحُ مِنْ إِبِلِهِ نَاقَةً لِأَهْلِ بَيْتٍ لَا دَرَّ لَهُمْ تَغْدُو بِرِفْدٍ وَتَرُوحُ بِرِفْدٍ إِنَّ أَجْرَهَا لَعَظِيمٌ.

237. Hasan-ı Basrî'den (rah) rivayet edildiğine göre, Resûlullah (s.a.v) şöyle buyurdu: *"Dikkat edin, yanındaki amcasının oğlu aç iken, (kendisine ait) sütten kesilmiş develeri suya kanmış olduğu halde geceleyen kimsenin yaptığı doğru mudur?*

Bir kimsenin, (hayvanlardan elde edecek) sütleri olmayan bir ev halkına sabahleyin bir kap, akşamleyin bir kap süt veren bir deveyi hediye etmesinin sevabı çok büyüktür." [160]

❧

238. Yahyâ b. Ubeydullah (rah), Hasan-ı Basrî'den (rah) aynı hadisi şu ilaveyle rivayet etmiştir: "(Kendilerine hediye olarak verilen develer sayesinde) Sabahleyin bir kap, akşamleyin bir kap süt alırlar. Ne büyük bir sevap!"

❧

عَنْ عَبْدِ اللهِ بْنِ مُسَاوِرٍ قَالَ سَمِعْتُ ابْنَ عَبَّاسٍ يَعَاتِبُ رَجُلًا فِي الْبُخْلِ يَقُولُ قَالَ رَسُولُ اللهِ ﷺ : لَيْسَ الْمُؤْمِنَ الَّذِي يَبِيتُ شَبْعَانُ وَجَارُهُ إِلَى جَنْبِهِ جَائِعٌ.

---

[160] Müslim, Zekât, 2/707 (1019); Ahmed, *Müsned*, 2/242, 358, 483.

239. Abdullah b. Müsâvir'den (rah) rivayet edilmiştir: İbn Abbas (r.a), bir adamı cimriliği konusunda azarladı ve şöyle dedi: "Resûlullah (s.a.v) şöyle buyurdu:

"Kendisi tokken, yanındaki komşusu aç olan kimse mü'min değildir."[161]

٭

عَنْ نَافِعِ بْنِ عَبْدِ الْحَارِثِ قَالَ: قَالَ رَسُولُ اللهِ ﷺ: مِنْ سَعَادَةِ الْمَرْءِ الْمُسْلِمِ الْمَسْكَنُ الْوَاسِعُ وَالْجَارُ الصَّالِحُ وَالْمَرْكَبُ الْهَنِيءُ.

240. Nâfi b. Abdulhâris'den (r.a) rivayet edildiğine göre, Resûlullah (s.a.v) şöyle buyurdu: *"Geniş bir ev, sâlih bir komşu ve güzel bir binek, müslüman kimsenin saadeti(nden)dir."* [162]

٭

حَدَّثَنَا سُفْيَانُ بِهَذَا الْإِسْنَادِ مِثْلَهُ إِلاَّ أَنَّهُ قَالَ: مِنْ سَعَادَةِ الْمَرْءِ الْمُسْلِمِ فِي الدُّنْيَا.

241. Süfyân (rah), bu isnadla hadisin benzerini şu farkla bize rivayet etti: "(Geniş bir ev, sâlih bir komşu ve iyi huylu güzel bir binek) müslüman kimsenin dünya saadeti(nden)dir." [163]

٭

---

[161] Hâkim, *Müstedrek*, 4/167; Buhârî, *Edebu'l-Müfred*, (112); Beyhâkî, *Sünen*, 10/3; Buhârî, *et-Tarih*, 5/195; Taberânî, *el-Kebîr*, 12/154 (12741).

[162] Ahmed, *Müsned*, 3/407, 408; Buhârî, *Edebu'l-Müfred*, (116).

[163] Hâkim, *Müstedrek*, 4/166.

عَنْ أَبِي هُرَيْرَةَ قَالَ: قِيلَ لِلنَّبِيِّ ﷺ: إِنَّ فُلَانَةَ تَصُومُ النَّهَارَ وَتَقُومُ اللَّيْلَ وَتُؤْذِي جِيرَانَهَا بِلِسَانِهَا. قَالَ: لَا خَيْرَ فِيهَا وَهِيَ فِي النَّارِ. وَقِيـــلَ: إِنَّ فُلَانَةَ تُصَلِّي الْمَكْتُوبَةَ وَتَصُومُ رَمَضَانَ وَتُصَدِّقُ بِأَثْوَارٍ مِنْ أَقِطٍ وَلَا تُؤْذِي أَحَدًا بِلِسَانِهَا. قَالَ: هِيَ فِي الْجَنَّةِ.

242. Ebû Hüreyre'den (r.a) rivayet edilmiştir: "Resûlullah'a (s.a.v),

– Filan kadın, gündüz oruç tutar, gece namaz kılar, (ancak) diliyle de komşusuna eziyet eder, denildi. Bunun üzerine Resûlullah (s.a.v),

– *Onda hayır yoktur. O (kadın) cehennemdedir,* buyurdu. Yine,

– Filan kadın, yalnızca farz namazları kılar, Ramazan orucunu tutar, inek peynirini[164] sadaka olarak verir, (ancak) kimseye diliyle eziyet etmez, denildi. Resûlullah (s.a.v),

– *O (kadın) cennettedir,* buyurdu.[165]

۞

عَنْ عَائِشَةَ أَنَّهَا قَالَتْ: يَا رَسُولَ اللهِ إِنَّ لِي جَارَيْنِ أَحَدُهُمَا مُقْبِلٌ بِبَابِهِ عَلَى بَابِي وَالْأَخَرُ نَائِي وَرُبَّمَا الَّذِي كَانَ لَا يَسْعُهُمَا فَأَحْبَبْتُ أَنْ أَعْلَمَ أَيُّهُمَا أَعْظَمُ حَقًّا؟ قَالَ: الْمُقْبِلُ عَلَيْكَ بَابُهُ.

---

164 Keş peyniri, keş denen yoğurt
165 Buhârî, *Edebu'l-Müfred,* (119).

243. Âişe (r.a) anlatıyor: "Resûlullah'a (s.a.v),

– Ey Allah'ın Rasûlü, iki komşum var; onlardan birinin kapısı kapıma yakın, diğeri ise uzak. Belki ikisi eşit değildir; onlardan hangisinin (benim üzerimde) daha çok hak sahibi olduğunu öğrenmek istiyorum, dedim. Resûlullah (s.a.v),

– *Kapısı sana yakın olan*(ı diğerinden daha çok hak sahibidir), buyurdu.[166]

‸

244. Mübârek b. Fudâle'den (rah) rivayet edildiğine göre, Hasan(-ı Basrî) (rah), bir kimsenin, komşusunun rüzgârını engelleyecek şekilde (onun evinden daha) yüksek bir ev inşa etmesini hoş karşılamıyordu.

‸

245. Büceyd b. İmrân b. Husayn'dan (rah) rivayet edildiğine göre, İmrân b. Husayn (r.a), yüksek bina yapılmasını hoş karşılamıyordu. Oğlu için tek bir oda dışında hiçbir şey inşa etmedi.

‸

عَنْ مُجَاهِدٍ قَالَ ذَبَحَ عَبْدُ اللهِ بْنِ عُمَرَ شَاةً فَجَعَلَ يَقُولُ : أَهْدَيْتُ لِجَارِنَا الْيَهُودِيِّ أَهْدَيْتُ لِجَارِنَا الْيَهُودِيِّ. ثُمَّ قَالَ:أَنَّ رَسُولَ اللهِ ﷺ قَالَ: مَا زَالَ جِبْرِيلُ يُوصِينِي بِالْجَارِ حَتَّى ظَنَنْتُ أَوْ رَأَيْتُ أَنَّهُ سَيُوَرِّثُهُ.

246. Mücâhid'den (rah) rivayet edildiğine göre, Abdullah b. Ömer (r.a), bir koyun kesti ve şöyle demeye başladı:

166 Buhârî, Edeb, 10/447 (6020); Ebû Dâvûd, Edeb, 4/339 (5155); Ahmed, *Müsned*, 6/175, 187, 193, 239; Hâkim, *Müstedrek*, 4/167; Buhârî, *Edebu'l-Müfred*, (107, 108); İbni Ebi'd-Dünya, *Mekârimu'l-Ahlâk*, (335).

– Yahudi komşumuza hediye ettim, Yahudi komşumuza hediye ettim. Sonra şöyle dedi:

– Resûlullah (s.a.v) şöyle buyurmuştu: *"Cebrâil bana komşu (hakkında o kadar) tavsiyede bulundu ki, komşuyu (komşuya) varis kılacağını zannettim."* [167]

﷽

عَنْ أَبِي هُرَيْرَةَ يَبْلُغُ بِهِ النَّبِيَّ ﷺ قَالَ: إِذَا اسْتَأْذَنَ أَحَدَكُمْ جَارُهُ أَنْ يَغْرِزَ خَشَبَةً فِي جِدَارِهِ فَلاَ يَمْنَعْهُ. فَلَمَّا حَدَّثَهُمْ طَأْطَئُوا رُءُوسَهُمْ. فَقَالَ: مَا لِي أَرَاكُمْ عَنْهَا مُعْرِضِينَ لَأَرْمِيَنَّ بِهَا بَيْنَ أَكْتَافِهِمْ.

247. Ebû Hüreyre'den (r.a) rivayet edildiğine göre, Resûlullah (s.a.v) şöyle buyurmuştur:

"Sizden birinizin komşusu sizin duvarınıza bir ağaç başı koymak (veya çakmak) için izin isterse; bu işe engel olmasın."

Ebû Hüreyre bunu söyleyince orada bulunanlar sanki gereksiz bir iş söylemiş gibi başlarını eğdiler. Bunun üzerine Ebû Hüreyre (r.a) şöyle dedi:

– Neden sizi bu sünnetten yüz çevirmiş olarak görüyorum, vallahi dikkat edin bu işte umursamaz olursanız, bu evin duvarına konulacak ağaç başını sizin omuzlarınız arasına koyarım. [168]

﷽

---

[167] Buhârî, Edeb, 10/441 (6015); Müslim, Birr ve's-Sıla, 4/2025 (2625); Buhârî, *Edebu'l-Müfred*, (128); İbni Ebi'd-Dünya, *Mekârimu'l-Ahlâk*, (320); Taberânî, *el-Kebîr*, 12/415 (13531).

[168] Buhârî, Mezalim, 5/110 (2463); Müslim, Müsakat, 3/1230 (1609); Ebû Dâvûd, Akdiye, 4/314 (3634); Tirmizî, Ahkâm, 3/635 (1353); İbni Mâce,

عَنْ أَبِي هُرَيْرَةَ أَنَّ رَسُولَ اللهِ ﷺ نَهَى أَنْ يَمْنَعَ الرَّجُلُ جَارَهُ أَنْ يَضْنَعَ الْخَشَبَ فِي جِدَارِهِ أَوْ الْجُذُوعَ.

248. Ebû Hüreyre'den (r.a) rivayet edildiğine göre, Resûlullah (s.a.v), bir kimsenin, kendi duvarına komşusunun odun veya kütük koymasını engellemesini yasakladı.[169]

❦

عَنْ الْحَسَنِ قَالَ قَالَ رَسُولُ اللهِ ﷺ: أَسْلِمُوا لَئِنْ أَسْلَمْتُمْ لَيُوْشَكَنَّ أَنْ تَهَادُوا الطَّعَامَ بَيْنَكُمْ مِنْ غَيْرِ مُجَاعَةٍ.

249. Hasan-ı Basrî'den (rah) rivayet edildiğine göre, Resûlullah (s.a.v) şöyle buyurdu: *"Teslim (kâmil müslüman) olun! Eğer teslim (kâmil müslüman) olsaydınız, kıtlık olmadan önce aranızda yemek konusunda hediyeleşirdiniz."* [170]

❦

وَقَالَ نَبِيُّ اللهِ ﷺ: تَهَادُوا بَيْنَكُمْ فَمَنْ أَهْدَى لَهُ أَخُوهُ هَدِيَّةً فَوَجَدَ مَا يُكَافِئُهُ فَلْيُكَافِئْهُ

Ahkâm, 2/783 (2335); Ahmed, *Müsned,* 2/240; Beyhâkî, *Sünen,* 6/68. Hadis, ev inşaatına başlayan komşunun, ihtiyaç duyması halinde, inşaatı için komşusunun duvarına tahta saplayabileceğine işaret eder. Bununla birlikte bu konuda ihtilaf vardır. Ebû Hureyre'nin, "(Allah'a yemin ederim ki) Onu, omuzları arasına uzatırım" cümlesinin anlamı, "Eğer siz, bu hükmü gönül rızasıyla kabul edip onunla amel etmezseniz, ben kirişi omuzlarınıza zorla koyacağım," anlamındadır.

[169] Buhârî, Eşribe, 10/90 (5627); Ahmed, *Müsned,* 2/230, 327, 447; Beyhâkî, *Sünen,* 6/69.

[170] Taberânî, *el-Kebîr,* 1/234 (757).

250. Resûlullah (s.a.v) şöyle buyurdu: *"Aranızda hediyeleşin. Kime bir kardeşi hediye verir, o da ona karşılık olarak verebileceği bir şey bulursa, ona versin."*

ﷺ

عَنْ ابْنِ عُمَرَ قَالَ قَالَ رَسُولُ اللهِ ﷺ : كَمْ مِنْ جَارٍ يَتَعَلَّقُ بِجَارِهِ يَوْمَ الْقِيَامَةِ يَقُولُ يَا رَبِّ أَغْلَقَ عَنِّي بَابَهُ وَمَنَعَنِي فَضْلَهُ.

251. (Abdullah) İbn Ömer'den (r.a) rivayet edildiğine göre, Resûlullah (s.a.v) şöyle buyurmuştur:

"Nice komşu vardır ki, kıyamet günü komşusunun yakasına yapışır ve, «Ey Rabbim, bu (komşum) kapısını bana kapattı ve iyiliğini benden esirgedi» der. [171]

ﷺ

252. Ubeydullah b. eş-Şemît'ten (rah) rivayet edilmiştir: "Bir kadın Hasan-ı Basrî'ye (rah) geldi, ihtiyaçlarından dolayı şikâyet etti ve,

– Ben senin komşunum, dedi. Hasan (rah),

– Benimle senin arandaki uzaklık ne kadar? diye sordu. Kadın,

– Yedi veya on ev, dedi. Hasan (rah), yatağın altına baktı. Altı veya yedi dirhem buldu ve kadına verdi:

– Neredeyse mahvoluyorduk, dedi. [172]

ﷺ

---

171 Buhârî, *Edebu'l-Müfred,* (111); İbni Ebi'd-Dünya, *Mekârimu'l-Ahlâk,* (345).

172 İbni Ebi'd-Dünya, *Mekârimu'l-Ahlâk,* (334)

253. Yûnus b. Ubeyd'den (rah) rivayet edilmiştir: "Osman b. Ebi'l-Âs'ın (r.a) Hindistan'a ve Medâin giden tüccarları vardı. Ticaret malları geldiğinde, komşuları arasında paylaştırır, hatta taksimatı, filan oğullarının evine kadar ulaşırdı."

ومج

254. Yûnus b. Ubeyd'den (rah) rivayet edilmiştir: "Ziyâd el-A'lem (rah), Basra halkından fakir gördüğü insanlara hediyeler veriyordu. Onlar ise buna karşılık Ziyad'a (rah) bir şey veremiyorlardı. Hasan-ı Basrî (rah) geldiğinde, Ziyâd, ona da hediye vermeye başladı. Bunun üzerine Hasan (rah) da Ziyâd el-A'lem'e (rah) hediye verdi. Karşılıklı hediyeleşme artınca Ziyâd (rah),

– Ey şeyh, bizi zora soktun! dedi.

ومج

255. Mücâhid'den (rah) rivayet edildiğine göre, (Abdullah) İbn Ömer (r.a) şöyle dedi: "Kim Allah'tan bir şey isterse, ona verin. Kim bir şeyden Allah'a sığınırsa, onu (o şeyden) koruyun. Kim de size bir koyunun paça kısmını verse bile, onu kabul edin." [173]

ومج

256. Ebû Muleyke'den (r.a) rivayet edildiğine göre, Resûlullah'a (s.a.v) bir kaftan hediye edildi.[174]

ومج

---

[173] Ebû Dâvûd, Edeb, 4/328 (5109); Nesâî, Zekat, 5/82; Hâkim, Müstedrek, 10412, 413; Taberânî, el-Kebîr, 12/401 (13480); İbni Ebi Şeybe, Musannef, 3/288; 6/556; 2/68, 99, 127; Buhârî, Edebu'l-Müfred, (216).

[174] Buhârî, Edeb, 10/528 (6133); Hums, 6/226 (3127); Şehâdât, 5/264 (2657); Hibe, 5/222 (2599); Libas, 10/269 (5800); Müslim, Zekât, 2/732 (1058); Ahmed, Müsned, 4/228.

عَنِ الْحَسَنِ قَالَ قَالَ نَبِيُّ اللهِ ﷺ: أَسْلِمُوا فَوَالَّذِي نَفْسِي بِيَدِهِ لَيُوشَكَنَّ أَنْ تَهَادُوا بَيْنَكُمُ الطَّعَامَ مِنْ غَيْرِ مُجَاعَةٍ.

257. Hasan-ı Basrî'den (rah) rivayet edildiğine göre, Resûlullah (s.a.v) şöyle buyurmuştur: *"Teslim (kâmil müslüman) olun! Nefsim elinde olan Allah'a yemin ederim ki, kıtlık olmadan önce aranızda yemek konusunda hediyeleşmeniz gerekir."* [175]

☙

عَنْ عَائِشَةَ أَنَّهَا قَالَتْ: يَا رَسُولَ اللهِ إِنَّ لِي جَارَتَيْنِ فَإِلَى أَيِّهِمَا أُهْدِي؟ قَالَ: إِلَى أَقْرَبِهِمَا مِنْكِ بَابًا.

258. Hz. Âişe (r.anh) anlatıyor: Bir gün Resûlullah'a (s.a.v),

– Ey Allah'ın Resûlü, benim iki komşum var. Hangisine hediye vereyim? diye sordum. Resûlullah (s.a.v),

– *Kapısı sana en yakın olana,* buyurdu. [176]

☙

عَنِ الْحَسَنِ قَالَ قَالَ رَسُولُ اللهِ ﷺ: مَنْ كَانَ يُؤْمِنُ بِاللهِ وَالْيَوْمِ الْآخِرِ فَلْيُكْرِمْ جَارَهُ.

---

175 Taberânî, *el-Kebîr,* 1/234 (757).

176 Buhârî, Edeb, 10/447 (6020); Ebû Dâvûd, Edeb, 4/339 (5155); Ahmed, *Müsned,* 6/175, 187, 193, 239; Hâkim, *Müstedrek,* 4/167; Buhârî, *Edebu'l-Müfred,* (107, 108); İbni Ebi'd-Dünya, *Mekârimu'l-Ahlâk,* (335).

259. Hasan-ı Basrî'den (rah) rivayet edildiğine göre, Resûlullah (s.a.v) şöyle buyurmuştur: *"Kim Allah'a ve âhiret gününe inanıyorsa, komşusuna ikramda bulunsun."* [177]

عَنِ الْحَسَنِ قَالَ قَالَ نَبِيُّ اللهِ ﷺ: اَلْمُؤْمِنُ مَنْ مَنْ أَمِنَهُ النَّاسُ أَلَا وَإِنَّ الْمُهَاجِرَ مَنْ هَجَرَ السُّوءَ أَلَا أَنَّ الْمُسْلِمَ مَنْ سَلِمَ مِنْهُ جَارُهُ وَالَّذِي نَفْسِي بِيَدِهِ لَا يَدْخُلُ الْجَنَّةَ رَجُلٌ لَا يَأْمَنُ جَارُهُ بَوَائِقَهُ.

260. Hasan-ı Basrî'den (rah) rivayet edildiğine göre, Resûlullah (s.a.v) şöyle buyurdu:

"Mümin, insanların kendisinden emin olduğu kimsedir. Dikkat edin, muhâcir, kötülükten hicret edip onu terk edendir. Dikkat edin, müslüman, komşusunun kendisinden sâlim olduğu/güven duyduğu kimsedir. Nefsim kudret elinde olan Allah'a yemin ederim ki, komşusunun, zararlarından emin olmadığı kimse cennete giremez." [178]

261. Hasan-ı Basrî'den (rah) rivayet edildiğine göre, Lokmân (as) şöyle dedmiştir "Ey oğlum! Taş ve demir taşıdım. Ağır ne yük varsa taşıdım. Ancak, kötü komşudan daha ağır bir yük taşımadım." [179]

---

[177] Başka bir tarik'ten tahrici için bkz. 262. hadis.

[178] Müslim, İman, 1/68 (46); Buhârî, *Edebu'l-Müfred*, (121); Ahmed, *Müsned*, 2/288, 332, 372; Hâkim, *Müstedrek*, 1/10.

[179] Abdullah b. Mübarek el-Mervezî, *Zühd ve'r-Rekâîk*, (thk. Habiburrahman el-A'zamî), Hindistan, 1385, s. 352, (991).

عَنْ أَبِي هُرَيْرَةَ عَنِ النَّبِيِّ ﷺ قَالَ: مَنْ كَانَ يُؤْمِنُ بِاللهِ وَالْيَوْمِ الْآخِرِ
فَلاَ يُؤْذِ جَارَهُ مَنْ كَانَ يُؤْمِنُ بِاللهِ وَالْيَوْمِ الْآخِرِ فَلْيَقُلْ خَيْرًا أَوْ
لِيَسْكُتْ.

262. Ebû Hüreyre'den (r.a) rivayet edildiğine göre, Re-sûlullah (s.a.v) şöyle buyurdu: *"Kim Allah'a ve âhiret günü-ne inanıyorsa, komşusuna eziyet etmesin. Kim Allah'a ve âhiret gününe inanıyorsa, ya hayır söylesin veya sussun."*[180]

عَنْ عَائِشَةَ قَالَتْ: قَالَ رَسُولُ اللهِ ﷺ : مَا زَالَ جِبْرِيلُ يُوصِينِي
بِالْجَارِ حَتَّى ظَنَنْتُ سَيُوَرِّثَهُ.

263. Hz. Âişe'den (r.anh) rivayet edildiğine göre, Re-sûlullah (s.a.v) şöyle buyurmuştur: *"Cebrâil (a.s) bana komşu (hakkında o kadar) tavsiyede bulundu ki, komşuyu (komşuya) vâris kılacağını zannettim."* [181]

❧

عَنْ مُحَمَّدِ بْنِ عَلِيٍّ قَالَ: قَالَ رَسُولُ اللهِ ﷺ : مَا اٰمَنَ بِي مَنْ أَمْسَى
وَهُوَ شَبْعَانُ وَجَارُهُ جَائِعٌ.

---

180 Buhârî, Edeb, 10/532 (6136); 10/445 (6018); Rikak, 11/308 (6475); Müslim, İman, 1/68-69 (75, 76); Tirmizî, Kıyamet, 4/659 (2500); Ebû Dâvûd, Edeb, 4/339 (5154); Ahmed, *Müsned*, 2/267, 269, 433, 463; İbni Ebi Şeybe, *Musannef*, 80358 (5470); Abdullah b. Mübarek, *Zühd*, (368, 372); Beyhâkî, *Sünen*, 8/164; İbni Ebi'd-Dünya, *Mekâri-mu'l-Ahlâk*, (323).

181 Ahmed, *Müsned*, 6/91, 125, 187; İbni Ebi'd-Dünya, *Mekârimu'l-Ah-lâk*, (319).

264. Muhammed b. Ali'den (r.a) rivayet edildiğine göre, Resûlullah (s.a.v) şöyle buyurmuştur: *"Komşusu aç iken, tok olarak akşamlayan kimse, bana (tam) iman etmemiştir."* [182]

عَنْ بَرِيـــــرَةَ قَالَتْ تُصُدِّقَ عَلَيَّ بِلَحْمٍ فَأَهْدَيْتُهُ لِعَائِشَةَ فَأَلْقَتْهُ فَدَخَلَ رَسُولُ اللهِ ﷺ فَقَالَ: مَا هَذَا اللَّحْمُ؟ قَالَتْ: تُصُدِّقَ بِهِ عَلَى بَرِيرَةَ فَأَهْدَتْهُ لَنَا. قَالَ: هُوَ عَلَى بَرِيرَةَ صَدَقَةٌ وَهُوَ لَنَا هَدِيَّةٌ.

265. Berîre'den (r.a) rivayet edilmiştir: "Bana, bir (parça) et tasadduk edildi. Ben de onu Hz. Âişe'ye (r.anh) hediye ettim. O da onu aldı. Ardından Resûlullah (s.a.v) içeri girdi,

– *Bu et ne?* diye sordu. Âişe (r.anh),

– Berîre'ye tasadduk edildi, o da bize hediye etti, dedi. Resûlullah (s.a.v),

– *O, Berire'ye bir sadaka, bize ise bir hediyedir,* buyurdu. [183]

عَنْ عِيَاضِ بْنِ حِمَارٍ الْمُجَاشِعِيِّ وَكَانَتْ بَيْنَهُ وَبَيْنَ رَسُولِ اللهِ ﷺ قَبْلَ أَنْ يُبْعَثَ فَلَمَّا بُعِثَ النَّبِيُّ ﷺ أَهْدَى إِلَيْهِ هَدِيَّةً أَحْسَبُهُ قَالَ إِبِلاً فَأَبَى أَنْ يَقْبَلَهَا وَقَالَ: إِنَّا لاَ نَقْبَلُ زَبْدَ الْمُشْرِكِينَ. قَالَ قُلْتُ: وَمَا زَبْدُ الْمُشْرِكِينَ؟ قَالَ: رِفْدُهُمْ هَدِيَّتُهُمْ.

---

[182] Hâkim, Müstedrek, 4/167; Buhârî, *Edebu'l-Müfred,* (112).

[183] Peygamber (s.a.v) "Bu nedir?" diye sormakla etin nereden geldiğini öğrenmek istemiştir.

266. Hasan-ı Basrî (rah), İyad b. Himâr el-Mücâşiî'den (r.a) rivayet etmiştir: Peygamber olarak gönderilmeden önce, Resûlullah (s.a.v) ile (bu hadisi rivayet eden) İyad (r.a) arasında bir tanışıklık vardı. Resûlullah (s.a.v), peygamber olarak gönderildiğinde, İyad (r.a) ona bir hediye verdi. Sanırım bu bir deveydi. Bunun üzerine Resûlullah (s.a.v) onu kabul etmekten kaçındı ve,

– Biz, müşriklerin hediyesini kabul etmeyiz, buyurdu. İyad (r.a),

– Müşriklerin hediyesi nedir? diye sorunca. Resûlullah (s.a.v), "Onların yardımı, hediyeleridir, buyurdu.[184]

Berîre, bir cariyenin adıdır. Âişe (r.anh), onu âzâd etmek için satın almak isteyince efendileri velânın kendilerine ait olmasını şart koşmuşlardı. Âişe (r.anh) etin durumunu Peygamber'e (s.a.v) arz edince, ona şöyle buyurdu: "Bu onun için sadaka, bizim için ise hediyedir." Bu sözünde Peygamber (s.a.v) Berîre'ye sadaka olarak verilen etin, artık Berîre'ye ait sayıldığını, böylece o etin vasfının değişmesiyle kendilerine sadaka olarak değil de hediye olarak takdim edildiğini kast etmiştir. (Sünen-i Ebu Davud Terceme ve Şerhi, Şamil Yayınları, İstanbul, 6/287.) Sadaka mal, Rasûlullah'a (s.a.v) ve ehl-i beytine haram, hediye ise caizdir. İslâm'a davet ettiği komşu ülkelerden ve yöneticilerinden hediyeler almıştır. Bu konudaki hassasiyetine aşağıdaki hadis örnek olarak verilebilir: Ebu Hureyre ve Enes (r.a) anlatıyorlar: "Rasûlullah (s.a.v) yolda giderken bir hurma tanesine rastlamıştı. "Eğer sadakadan (düşmüş) olacağından korkmasaydım bunu yerdim!" buyurdular." (Buhârî, Büyû 4, Lukata 6; Müslim, Zekât 165, (1071); Ebu Davud, Zekât 29, (1651).

Buhârî, Hibe, (2578); Müslim, Itk, (1504); Nesâî, Talak, 6/165; Ahmed, Müsned, 6/45; Beyhâkî, Sünen, 10/338; Taberânî, el-Kebîr, 24/204 (225).

184 Ebû Dâvûd, Harac, 3/173 (3057); Tirmizî, Siyer, 4/140 (1577); Taberânî, es-Sağîr, 1/9; İyad b. Himar el-Mücaşiî h. 50'de vefat etmiştir.

۰۶

أَخْبَرَنِي أَبُو بَكْرٍ يَعْنِي ابْنُ مُحَمَّدٍ أَنَّ عَمْرَةَ حَدَّثَتْهُ أَنَّهَا سَمِعَتْ
عَائِشَةَ تَقُولُ: سَمِعْتُ رَسُولَ اللهِ ﷺ يَقُولُ: مَا زَالَ جِبْرِيلُ يُوصِينِي
بِالْجَارِ حَتَّى ظَنَنْتُ لَيُوَرِّثَهُ.

267. Ebû Bekr yani İbn Muhammed (rah) bana bildir-
diğine göre, Amra ona (r.a), Hz. Âişe'nin (r.anh) şöyle de-
diğini işittiğini söyledi: "Resûlullah'ın (s.a.v) şöyle buyur-
duğunu işittim: *"Cebrâil bana komşu (hakkında o kadar)
tavsiyede bulundu ki, komşuyu (komşuya) vâris kılacağını
zannettim."* [185]

۰۶

عَنْ شُعَيْبِ بْنِ الْحَبْحَابِ قَالَ: بَنَى الْعَبَّاسُ بْنُ عَبْدِ الْمُطَّلِبِ
غُرْفَةً لَهُ. فَقَالَ لَهُ النَّبِيُّ ﷺ: أَلْقِهَا قَالَ أُنْفَقُ مِثْلَ ثَمَنِهَا فِي سَبِيلِ اللهِ.
قَالَ أَلْقِهَا قَالَ أُنْفَقُ مِثْلَ ثَمَنِهَا فِي سَبِيلِ اللهِ ثَلَاثًا.

268. Şuayb b. el-Habhâb'dan (rah) rivayet edilmiştir:
"Abbas b. Abdulmuttalib (r.a), Resûlullah (s.a.v) için bir
oda inşa etti. Bunun üzerine Resûlullah (s.a.v), ona,

Müslüman olmadan önce Rasûlullah'a (s.a.v) bir hediye ile gelmiş,
ancak Rasûlullah (s.a.v) bunu kabul etmemiştir. Rasûlullah'ın (s.a.v),
müşriklerin hediyelerini kabul ettiği rivayet edilir. Bu hadiste ise, bu-
nun hoş görülmediği ve muhtemelen daha önce kabul edildiği, da-
ha sonra yasaklandığı anlaşılmaktadır. (çev.)

[185] Buhârî, Edeb, 10/441 (6014); Müslim, Birr ve's-Sıla, 4/2025 (2624);
Tirmizî, 4/332 (1942); Ebû Dâvûd, 4/338 (5151); İbni Mâce, Edeb,
2/1211 (3673); Ahmed, *Müsned*, 6/52; Buhârî, *Edebu'l-Müfred*, (101,
106); Beyhâkî, *Sünen*, 6/275; İbni Ebi Şeybe, *Musannef*, 8/357 (5468).

– *Bunu elinden çıkar (ver),* dedi. Abbâs (r.a) değeri kadar parayı Allah yolunda infak etti. Resûlullah (s.a.v) tekrar,

– *Bunu elinden çıkar,* dedi. Hz. Abbâs (r.a) yine değeri kadar parayı Allah yolunda infak etti. Bu hadise üç defa tekrarlandı.[186]

عَنِ الْبَرَاءِ قَالَ: أُهْدِيَتْ لِرَسُولِ اللهِ ﷺ حُلَّةٌ مِنْ حَرِيرٍ فَجَعَلَ أَصْحَابُهُ يَلْمَسُونَهَا وَيَتَعَجَّبُونَ مِنْ لِينِهَا. فَقَالَ رَسُولُ اللهِ ﷺ: مَنَادِيلُ سَعْدِ بْنِ مُعَاذٍ فِى الْجَنَّةِ أَفْضَلُ أَوْ خَيْرٌ مِمَّا تَرَوْنَ.

269. Berâ (b. Âzib)'dan (r.a) rivayet edilmiştir: "Resûlullah'a (s.a.v) ipekten bir elbise hediye edildi. Resûlullah'ın ashabı ona dokunmaya başladılar. Kumaşının inceliğine, yumuşaklığına şaşırıyorlardı. Bunun üzerine Resûlullah (s.a.v),

– *Sa'd b. Mûaz'ın (r.a) cennetteki mendilleri, sizin (bu) gördüğünüzden daha üstün (veya daha hayırlı),* buyurdu."[187]

عَنِ الزُّهْرِيِّ قَالَ قَالَ رَسُولُ اللهِ ﷺ: نِعْمَ الشَّيْءُ الْهَدِيَّةُ أَمَامَ الْحَاجَةِ.

270. Zührî'den (rah) rivayet edildiğine göre, Resûlullah (s.a.v) şöyle buyurmuştur: *"İhtiyaç anında hediye edilen şey ne güzeldir!"*

---

186 Ebû Davud, *el-Merâsil,* s. 340 (495).

187 Buhârî, Menakıbu'l-Ensar, 7/122 (3802); Libas, 10/291 (5836); İman, 11/524 (6640); Müslim, Fedailu's-Sahabe, 4/1916 (2468); Tirmizî, Menakıb, 5/689 (3847); İbni Mâce, Mukaddime, 1/55 (157); Ahmed, *Müsned,* 4/289, 301, 302.

✺

271. Enes b. Mâlik'den (r.a) rivayet edilmiştir: "Zî Yezni (r.a), Resûlullah'a (s.a.v), otuz üç dişi deveye veya otuz üç erkek deveye karşılık satın almış olduğu bir elbise hediye etti." [188]

✺

272. Yahya b. Ebû Kesîr'den (rah) rivayet edildiğine göre, Hz.Dâvud'un (a.s) oğlu Süleyman (a.s) oğluna, "Ey oğlum! Bir evden diğerine nakil, kötü bir yaşam tarzıdır" dedi.[189]

✺

حَدَّثَنِي جَابِرُ بْنُ عَمْرٍو الرَّاسِبِيُّ قَالَ سَمِعْتُ أَبَا بَرْزَةَ يَقُولُ:
قَتَلْتُ عَبْدَ الْعُزَّى بْنَ خَطَلٍ وَهُوَ مُتَعَلِّقٌ بِسِتْرِ الْكَعْبَةِ فَقُلْتُ: يَا
رَسُولَ اللّٰهِ مُرْنِي بِعَمَلٍ أَعْمَلُهُ. فَقَالَ: أَمِطِ الْأَذَى عَنِ الطَّرِيقِ
فَهُوَ لَكَ صَدَقَةٌ.

273. Bana, Câbir b. Amr er-Râsibî (rah) rivayet etti; dedi ki: Ebû Berze el-Eslemî'nin (r.a) şöyle dediğini işittim: "Kâ'be'nin örtüsüne bürünen Abduluzzâ b. Hatal'ı öldürmüştüm. Ardından,

– Ey Allah'ın Resûlü, bana yapacağım hayırlı bir iş ver, dedim. Bunun üzerine Resûlullah (s.a.v),

– *Yoldan, (insanlara) eziyet verici şeyleri kaldır; bu, senin için bir sadakadır,* buyurdu.[190]

---

[188] Dârimî, Siyer, 2/232; Ahmed, *Müsned,* 3/221; Hâkim, *Müstedrek,* 4/187.

[189] Ebu Nuaym, *el-Hilye,* 3/72.

[190] Müslim, Birr ve's-Sıla, 4/2021 (2618); İbni Mâce, Edeb, 2/1214 (3681); Ahmed, *Müsned,* 4/420, 423, 424; Buhârî, *Edebu'l-Müfred,* (228); İbni Ebi Şeybe, *Musannef,* 9/28.

عَنْ أَبِي ذَرٍّ قَالَ قُلْتُ: يَا رَسُولَ اللهِ أَيُّ الْأَعْمَالِ أَفْضَلُ؟ فَقَالَ:

إِيمَانٌ بِاللهِ وَجِهَادٌ فِى سَبِيلِهِ. قُلْتُ: فَأَيُّ الـدِّمَاءِ أَفْضَلُ؟ قَالَ:

أَنْفَسُهَا عِنْدَ أَهْلِهَا وَأَغْلَاهَا ثَمَنًا. قُلْتُ: فَإِنْ لَمْ أَسْتَطِعْ؟ قَالَ:

فَتُعِينُ صَانِعًا أَوْ تَصْنَعُ لِأَخْرَقَ. قَالَ: قُلْتُ: فَإِنْ لَمْ أَسْتَطِعْ؟ قَالَ:

تَكُفُّ أَذَاكَ عَنِ النَّاسِ فَإِنَّهُ صَدَقَةٌ تَصَدَّقُ بِهَا عَلَى نَفْسِكَ.

274. Ebû Merâvih el-Gıfârî (rah), Ebû Zerr'den (r.a) rivayet ediyor: "Bir gün Resûlullah'a (s.a.v),

– Ey Allah'ın Rasûlü, hangi amel daha üstündür? diye sordum. Bunun üzerine Resûlullah (s.a.v),

– *Allah'a iman ve O'nun yolunda cihad,* buyurdu. Ben,

– (Âzâd etmek üzere) Hangi köle daha üstündür? diye sordum. Resûlullah (s.a.v),

– *Sahibi yanında en kıymetli ve değeri en yüksek olan (daha üstündür)* buyurdu. Ben,

– Ya buna güç yetiremezsem? diye sordum. Resûlullah (s.a.v),

– *İşini yapan bir kimseye yardım et veya işini yapamayan (hantal kimse) için (onun yerine o işi) yap* buyurdu. Ben,

– Ya buna da güç yetiremezsem? diye sordum. Resûlullah (s.a.v),

– *Eziyetini/kötülüğünü insanlardan uzak tutarsın. Çünkü bu da, nefsin için verdiğin bir sadakadır,* buyurdu.[191]

275. Bize, Halef b. Temim'den ve senediyle Ebû Merâvih el-Ğıfârî'ye kadar uzanan bir senetle, Ebû Zerr'den (r.a) buna benzer bir hadis rivayet edilmiştir.

---

[191] Buhârî, Itk, 5/148 (2518); Müslim, İman, 1/89 (84); Nesâî, Cihad, 6/19; Ahmed, *Müsned,* 5/150, 163, 171; Dârimî, 2/307; Buhârî, *Edebu'l-Müfred* (220, 266); Beyhâkî, *Sünen,* 6/81, 273, 9/272, 10/273; Humeydî, *Müsned,* (131); Abdurrezzâk, *Musannef,* 11/191 192 (2098, 2099).

AİLE İÇİN HARCAMADA BULUNMA

عَنِ الْبَرَاءِ بْنِ عَازِبٍ قَالَ جَاءَ أَعْرَابِيٌّ إِلَى النَّبِيِّ ﷺ فَقَالَ: عَلِّمْنِي عَمَلاً يُدْخِلُنِي الْجَنَّةَ. فَقَالَ: لَئِنْ كُنْتَ أَقْصَرْتَ الْخُطْبَةَ فَقَدْ أَعْرَضْتَ الْمَسْأَلَةَ أَعْتِقِ النَّسَمَةَ وَفَكَّ الرَّقَبَةَ. فَقَالَ: يَا رَسُولَ اللَّهِ أَوَلَيْسَتَا وَاحِدًا؟ قَالَ: لَا عِتْقُ النَّسَمَةِ أَنْ تَفَرَّدَ بِعِتْقِهَا وَفَكَّ الرَّقَبَةِ أَنْ تُعِينَ فِي ثَمَنِهَا وَالْمَنِيحَةُ الْوَكُوفُ وَالْفَيْءُ عَلَى ذِي الرَّحِمِ الظَّالِمِ فَإِنْ لَمْ تُطِقْ ذَلِكَ فَأَطْعِمِ الْجَائِعَ وَاسْقِ الظَّمْآنَ وَأْمُرْ بِالْمَعْرُوفِ وَانْهَ عَنِ الْمُنْكَرِ فَإِنْ لَمْ تُطِقْ ذَلِكَ فَكُفَّ لِسَانَكَ إِلاَّ مِنَ الْخَيْرِ.

276. Berâ b. Âzib'den (r.a) rivayet edilmiştir: "Bir bedevî, Resûlullah'a (s.a.v) geldi ve,

– Beni cennete sokacak bir ameli öğret, dedi. Bunun üzerine Resûlullah (s.a.v),

– *Eğer söylenenler hakkında taksir edersen, meseleden yüz çevirmiş, dinlememiş olursun,* dedi ve,

– *Birini âzâd et veya bir köleye hürriyetini ver,* buyurdu. Adam,

– Ey Allah'ın Resûlü, ikisi de aynı şey değil mi? diye sordu. Resûlullah (s.a.v),

– *Hayır! Bir insanı âzâd (ıtk) etmek, onu tek başına âzâd etmektir. Bir köleye hürriyetini vermek (fekk) ise, onun değerini belirlemen (ve bunu ödemen)dir. Zalim (bile olsa) akrabana yardım et! Eğer buna güç yetiremezsen, aç kimseyi doyur, susamış kimseye su ver, iyiliği emret ve kötülükten sakındır! Eğer buna da güç yetiremezsen, dilinle ancak hayrı/iyiliği söyle!"* [192]

﷽

سَمِعْتُ عِكْرِمَةَ يَقُولُ إِنَّ النَّبِيَّ ﷺ قَالَ لِعَائِشَةَ: تَصَدَّقِي يَا عَائِشَةُ وَلَوْ بِتَمْرَةٍ فَإِنَّهَا تَسُدُّ مِنَ الْجَائِعِ وَتَطْفِئُ الْخَطِيــئَةَ كَمَا يَطْفِئُ الْمَاءُ النَّارَ.

277. Abdülmelik b. İsa es-Sekafî (rah), İkrime'nin (r.a) şöyle dediğini işittim demiştir: "Resûlullah (s.a.v), Âişe'ye (r.a) şöyle buyurmuştu: *«Ey Âişe, bir hurma da olsa sadaka ver. Çünkü o, açlığı önler; suyun ateşi söndürdüğü gibi hatayı (günahı) yok eder."* [193]

---

[192] Ahmed, *Müsned,* 4/299; Hâkim, *Müstedrek,* 2/217; Dârakutnî, *Sünen,* 2/135; Beyhâkî, *Sünen,* 10/272.

[193] Abdullah b. Mübarek, *Zühd,* (651); Ahmed, *Müsned,* 6/79.

▄◢

278. Nadr b. Abdullah'dan (rah) rivayet edildiğine göre, Kays b. Abbâd (rah) şöyle demiştir: "Şüphesiz sadaka, suyun ateşi söndürdüğü gibi günah ve hataları söndürür (siler)." [194]

▄◢

279. Abdullah b. Mes'ûd'dan (r.a) rivayet edilmiştir: "Bir adam, yetmiş yıl Allah'a ibadet etti. Sonra bir kötülük yaptı. Bunun üzerine Allah, onun amelini boşa çıkardı (sildi). Sonra kötürüm oldu ve oturmak zorunda kaldı. (Hastalığı sırasında) Fakirlere tasaddukta bulunan bir adam gördü. Onun yanına gitti ve ondan bir somun ekmek aldı. Ardından onu bir fakire sadaka olarak verdi. Bunun üzerine Allah onu bağışladı ve yetmiş yıllık amelini ona geri verdi."

▄◢

280. Ebû Osman en-Nehdî'den (rah) rivayet edildiğine göre, Ebû Musa el-Eş'arî (r.a), ölüm döşeğinde şöyle dedi: "Ekmek sahibini (Allah'ı) anın!" [195]

▄◢

281. Abdurrahman b. Zeyd b. Eslem (rah), babasından rivayet ettiğine göre, Lokmân (as), oğluna, *"Ey oğlum, bir hata işlediğinde, yerine bir sadaka ver!"* demiştir.

▄◢

---

[194] Taberânî, *el-Kebîr*, 19/160; *es-Sağir*, 1/225.

[195] İbni Ebi Şeybe, *Musannef*, 13/184 (16059); Ebu Nuaym, *el-Hilye*, 1/263.

282. Ca'fer b. Hayyân (rah), (Said b. İyas el-) Cüreyrî'nin (rah) şöyle dediğini rivayet etmiştir: "Kim aç bir müminle karşılaşır, doyuncaya kadar onu yedirir ve kanıncaya kadar içirirse; cennete istediği kapıdan içeri girer."

✿

283. Yahyâ b. Ubeydullah (rah), babasının şöyle dediğini rivayet etti: "Ebû Hüreyre'nin (r.a) şöyle dediğini işittim: "Bir adam, müslümanların yolu üzerinde bulunan bir diken dalını yoldan kaldırdığı için cennete girdi." [196]

✿

284. Hz. Ömer'in (r.a) kölesinden rivayet edildiğine göre, Ömer b. Hattâb (r.a), bir gün Medine çarşısındaydı. Başını eğdi, (yerdeki) bir yarım hurmayı aldı ve onu toprağa sildi. Aralarında bir akrabalık bağı bulunan Esved (r.a) oradan geçiyordu. Hz. Ömer (r.a) ona doğru yürüdü ve,

– Bunu ağzına at, ye! dedi. Bunu gören Ebû Zerr (r.a) verileni küçümsercesine,

– Ey müminlerin emiri! Bu nedir? Bu bir miskal ağırlığında mı yoksa bir zerre mi! dedi.

Hz. Ömer (r.a),

– Hayır! Sen, Aziz ve Yüce olan Allah'ın, Nisâ sûresindeki, *"Şüphe yok ki Allah zerre kadar haksızlık etmez. (Ku-*

---

[196] Buhârî, Ezan, 2/139 (652); Mezalim, 5/118 (2472); Müslim, İmare, 3/165 (1914); Birr ve's-Sıla, 4/2021 (1958); İbni Mâce, Edeb, 2/1214 (3682); Ahmed, *Müsned,* 2/286, 341, 404, 439, 485, 495, 533; Buhârî, *Edebu'l-Müfred,* (229); Abdullah b. Mübarek, *Zühd,* 253 (729); Humeydî, *Müsned,* (1134).

lun yaptığı iş, eğer bir kötülük ise, onun cezasını adaletle verir.) İyilik olursa onu katlar (kat kat arttırır), kendinden de büyük mükâfat verir." (Nisâ 4/40) âyetini anladın mı? Öyle ki (böyle) işin başı görünüşte azıcık ve sonu da büyük bir sevaptır, dedi.

عَنْ أَنَسِ بْنِ مَالِكٍ عَنِ النَّبِيِّ صَلَّى اللّٰهُ عَلَيْهِ وَ سَلَّمَ قَالَ: إِنَّ اللّٰهَ عَزَّ وَجَلَّ لَيَدْرَأُ بِالصَّدَقَةِ سَبْعِينَ مَيْتَةً مِنَ السُّوءِ.

285. Enes b. Malik'den (r.a) rivayet edildiğine göre, Resûlullah (s.a.v) şöyle buyurdu: *"Şüphesiz Aziz ve Yüce olan Allah, (verilen) sadakayla yetmiş ölüyü kötülükten uzak tutar."*

286. Ebu'l-Hayr'ın (rah) şöyle dediği rivayet edilmiştir: "Bana ulaşan haberlere (hadis vs.) göre kıyamet günü keder, üzüntü ve telaş içindeki insanlar, kendi sadakaları altında gölgeleneceklerdir."

287. İbrahim en-Nehaî (rah), Aziz ve Yüce olan Allah'ın, *"Eğer Rabbinden ummakta olduğun bir rahmeti beklerken (darlıkta olduğundan) onlara sırt çevirecek olursan..."* (İsrâ 17/28) âyetinin tefsiri hakkında, "Bu, Rabbinden rızık beklemendir" demiştir. [197]

288. Süfyân'dan (rah) rivayet edildiğine göre, Mücâhid (rah), Aziz ve Yüce olan Allah'ın, *"Eli sıkı olma; büsbü-*

---

[197] İbn Cerîr, *et-Tefsir,* 4/54.

tün eli açık da olma. Sonra kınanır, (kaybettiklerinin) has-retini çeker durursun." (İsrâ 17/29) âyetinin tefsiri hakkın-da, "Malın, seninle Rabbin arasında, nefsini ayıplayarak çekip gider." demiştir.[198]

❧

289. Hasan-ı Basrî (rah), yaşlı bir kimseden şöyle riva-yet etmiştir: "Resûlullah (s.a.v) aramızda olduğu müddet-çe bizlere sadaka vermeyi tavsiye etti ve müsle yapmak-tan sakındırdı."[199]

❧

سَمِعْتُ طَاوُسًا يَقُولُ سَمِعْتُ أَبَا هُرَيْرَةَ يَقُولُ: مَثَلُ الْمُتَصَدِّقِ
وَالْبَخِيلِ كَمَثَلِ رَجُلَيْنِ عَلَيْهِمَا جُبَّتَانِ مِنْ حَدِيدٍ قَدِ اضْطَرَبَتْ
أَبْدَاهُمَا أَوْ قَالَ أَيْدِيَهُمَا (الشَّكُّ مِنْ حُسَيْنٍ) إِلَى الثَّدْيِ أَوْ إِلَى
التَّرَاقِي فَكُلَّمَا أَنْفَقَ نَفَقَةً انْبَسَطَتْ حَتَّى سَبَغَتْ عَلَى أَنَامِلِهِ
وَعَفَّتْ أَثَرُهُ وَكُلَّمَا أَرَادَ الْبَخِيلُ أَنْ يَتَصَدَّقَ قَلَصَتْ إِلَى حَلْقِهِ
فَهِيَ تَخْنُقُهُ. وَسَمِعْتُ أَبَا هُرَيْرَةَ يَقُولُ بَصَرَ عَيْنًا أَبِي هُرَيْرَةَ
يَقُولُ رَأَيْتُ رَسُولَ اللهِ ﷺ وَاضِعًا أُصْبُعَيْهِ عِنْدَ حَلْقِهِ وَهُوَ يَقُولُ:
فَهِيَ تَخْنُقُهُ وَيَرْخِيهَا وَلاَ تَتَرَاخى.

---

198 İbn Cerîr, *et-Tefsir*, 15/57.

199 Müsle: Başkalarına ibret olsun diye, burnunu, kulağını vesair uzuv-larını kesip, gözlerini oyarak kendisini çirkin bir şekle sokmak sure-tiyle düşmana ceza vermek. Ebû Dâvûd, Cihad, 3/53 (2667); Dârimî, 1/390; Ahmed, *Müsned*, 4/428, 429, 432, 436, 439, 440, 445, 5/12, 20; Taberânî, *el-Kebîr*, 7/280 (6966); Beyhâkî, *Sünen*, 9/69.

290. Tâvûs b. Keysân (rah), Ebû Hüreyre'nin (r.a) şöyle dediğini rivayet etmiştir:

"Sadaka veren kimse ile cimrinin örneği, üzerlerinde demirden iki zırh bulunan iki adam gibidir. Bu zırhlar, onların bedenlerini (veya ellerini), göğüslerine veya boyunlarına kadar sıkıştırır. Her bir harcamada/sadakada bulunduğunda, (zırh) açılır, parmak ucuna kadar genişler ve (zırhın bıraktığı) iz silinir. Cimri kimse, her sadaka vermek istediğinde, (zırh) boğazına kadar daralır. Ardından zırh onu boğar."

Ebû Hüreyre (r.a) demiştir ki: "Resûlullah'ın (s.a.v) parmaklarını boğazına koyduğunu ve,

«(İşte böyle) Onu boğar. Onu gevşetmek ister ancak gevşetemez» dediğini gördüm." [200]

❦

291. Hâris b. Sâib'in (rah) rivayet ettiğine göre Ebû Nadra (rah) şöyle demiştir: "Öyle bir zamana yetiştim ki, yeryüzünde, mükâteb[201] köle ve hizmetçiden başka sadaka isteyen kimse yoktu."

❦

292. Ebu'z-Za'râi'den (rah) rivayet edildiğine göre, Abdullah (b. Ömer) (r.a) şöyle demiştir: "Sizden önceki za-

---

[200] Buhârî, Libas, 10/267 (5797); Cihad, 6/99 (2917); Müslim, 2/798, 709 (1021); Nesâî, Zekat, 5/70, 72; Ahmed, *Müsned,*2/389, 523; Humeydî, *Müsned,* 2/458-459 (1064, 1065).

[201] Mükâteb: Köle ile efendisi arasında meydana gelen, hürriyeti satın alma anlaşmasıdır. Anlaşma halinde köle, hürriyeti karşılığında belirlenen ücreti kazanır ve efendisinden hürriyetini satın alır. Anlaşmayı yapan köleye, 'mükâteb', efendisine de 'mükâtib' denir.

manlarda bir adam, yetmiş yıl Allah'a ibadet etti. Sonra bir hata işledi. Hatası, ameliyle (karşılıklı olarak) tartıldı. Hatası ağır bastı. Bu arada altı (veya üç) somun ekmeği sadaka olarak verdi. Sonra ameli (tekrar) hatasıyla (karşılıklı olarak) tartıldı. Bu kez, somun ekmekler ağır bastı." [202]

❀

عَنْ عَلِيٍّ قَالَ جَاءَ ثَلَاثَةُ نَفَرٍ إِلَى رَسُولِ اللهِ ﷺ فَقَالَ أَحَدُهُمْ: كَانَ لِي مِائَةُ أَوْقِيَةٍ فَتَصَدَّقْتُ أَوْ قَالَ فَأَنْفَقْتُ مِنْهَا عَشَرَةً. وَقَالَ الْاخَرُ: كَانَتْ لِي مِائَةُ دِيــنَارًا فَأَنْفَقْتُ مِنْهَا عَشَرَةً. وَقَالَ الْاخَرُ: كَانَ لِي عَشَرَةُ دَنَانِيرَ فَأَنْفَقْتُ مِنْهَا دِينَارًا. فَقَالَ: أَنْتُمْ فِى الْأَجْرِ سَوَاءٌ أَنْفَقَ كُلُّ وَاحِدٍ مِنْكُمْ عَشْرَ مَالِهِ.

293. Ali (b. Ebû Tâlib)'den (r.a) rivayet edilmiştir: "Üç kişi Resûlullah'a (s.a.v) geldi. Onlardan biri,

– Benim yüz ukiyyem[203] vardı. Yüz ukiyyenin onunu sadaka olarak verdim veya infak ettim, dedi. Diğeri,

– Benim yüz dinarım vardı. Onunu infak ettim, dedi. Sonuncusu da,

– Benim on dinarım vardı. Ondan bir dinar infak ettim, dedi. Bunun üzerine Resûlullah (s.a.v),

– *Siz, sevapta eşitsiniz. (Çünkü) Sizden her biri, malının onda birini infak etti,* buyurdu.[204]

---

[202] İbni Ebi Şeybe, *Musannef,* 13/184 (6058).

[203] Ukiyye: 7 miskal (33,6 gr) altın veya 40 dirhem (128 gr) gümüş demektir. (çev.)

[204] Nesâî, 5/95; Ahmed, *Müsned,* 1/96, 114, 2/379; Abdurrezzâk, *Musannef,* 11/106 (20051).

ﻮﺷ

عَنْ أَبِي ذَرٍّ عَنِ النَّبِيِّ قَالَ: يُصْبِحُ عَلَى كُلِّ سُلَامَى مِنْ أَحَدِكُمْ

صَدَقَةٌ تَسْلِيمُهُ عَلَى مَنْ لَقِيَ صَدَقَةٌ وَإِمَاطَةُ الْأَذَى عَنِ الطَّرِيقِ

صَدَقَةٌ وَأَمْرُهُ بِالْمَعْرُوفِ وَنَهْيُهُ عَنِ الْمُنْكَرِ صَدَقَةٌ وَبُضْعَةُ أَهْلِهِ

صَدَقَةٌ. قَالُوا: يَا رَسُولَ اللهِ أَيَقْضِي أَحَدُنَا شَهْوَتَهُ وَيُؤْجَرُ؟ قَالَ:

أَرَأَيْتَ لَوْ وَضَعَهَا فِي غَيْرِ ذَلِكَ أَلَيْسَ كَانَ يُؤْزَرُ؟ قَالُوا: بَلَى.

قَالَ: فَإِنَّهُ يُؤْجَرُ وَيُجْزِيُءُ مِنْ ذَلِكَ رَكْعَتَانِ مِنَ الضُّحَى.

294. Ebû Zerr'den (r.a) rivayet edildiğine göre, Resû-
lullah (s.a.v),

– *Sizden her birinin bütün eklemleri için bir sadaka
vardır. Karşılaştığı kimseye selâm vermesi, sadakadır. Yol-
dan eziyet verici şeyi atması, sadakadır. İyiliği emretmesi
ve kötülükten sakındırması sadakadır. (Hanımıyla) cinsel
ilişkide bulunması sadakadır,* buyurdu. Sahabeler,

– Ey Allah'ın Rasûlü, bizden biri şehvetini giderdiğinde,
sevap mı alır? diye sordular. Resûlullah (s.a.v) bu soruya,

– *Helal olmayan bir yerde şehvetini giderseydi, günah
işlemiş olmaz mıydı?* diye cevap verdi. Sahabeler de,

– Evet, (günah işlemiş olurdu), dediler. Resûlullah
(s.a.v),

– *Bütün bunlar namına kişinin kılacağı iki rekat kuşluk
(duha) namazı kafidir,* buyurdu.[205]

---

[205] Müslim, Zekât, 2/697 (1006); Salatu'l-Müsafirin, 1/498 (720); Ebû
Dâvûd, 4/362 (5244); Ahmed, *Müsned,* 1/178, 5/167, 168.

۹

عَنِ الْمُطَّلِبِ بْنِ حَنْطَبٍ قَالَ قَالَ رَسُولُ اللهِ ﷺ: لاَ تَرُدُّوا السَّائِلَ
وَلَوْ بِظِلْفٍ مُحْتَرِقٍ

295. Muttalib b. Hantab'dan (r.a) rivayet edildiğine göre, Resûlullah (s.a.v) şöyle buyurdu: *"Yanmış bir koyun paçası vermekle de olsa, isteyeni geri çevirmeyin."*

۹

296. Ka'bu'l-Ahbar (rah) şöyle demiştir: "Âdemoğlunun her kemiği yani her eklemi için, her gün bir sadaka (vermesi) gerekir. Allah'ın kullarına selâm vermek, (yoldan) eziyet veren şeyi kaldırmak, yolunu kaybetmiş kimseye rehberlik yapmak, zayıf kimseye yardım etmek, iyiliği emretmek, kötülükten sakındırmak, (kısacası) bütün iyilikler bir sadakadır. Mümin kimseyi, memnun, güler bir yüzle karşılamak bile (sadakadır). Bütün bunlar, (sevap olarak) gündüzün başında veya sonunda kılınan iki rekât (namaz) gibidir. Bil ki, Kuşluk vakti namazı (Duha), tevbe edenlerin namazıdır."

۹

عَنْ أَبِي ذَرٍّ قَالَ قُلْتُ يَا رَسُولَ اللهِ مَا الـصَّدَقَةُ؟ قَالَ أَضْعَافٌ
مُضَاعَفَةٌ وَعِنْدَ اللهِ الْمَزِيدُ. قُلْتُ: يَا رَسُولَ اللهِ فَأَيُّ الصَّدَقَةِ
أَفْضَلُ؟ قَالَ: جُهْدُ الْمُقِلِّ يَسِرٌّ إِلَى فَقِيرٍ.

297. Ebû Zerr'den (r.a) rivayet edilmiştir:

– Ey Allah'ın Rasûlü, sadaka nedir? diye sordum. Resûlullah (s.a.v),

– *(İhtiyaç sahiplerine verilmekle, değeri) Kat kat büyüyen ve Allah katında arttırılmış olandır,* buyurdu. Ben,

– Ey Allah'ın Resûlü, hangi sadaka daha üstündür? diye sordum. Resûlullah (s.a.v),

– *Malı mülkü az olan kimsenin, fakir kimseyi sevindiren cömertliği,* buyurdu.[206]

🌷

298. Süleyman b. Mûsa'dan (rah) rivayet edilmiştir: "Gittiğim savaşlardan birinde, Humus çarşısına (bir şeyler satın almak için) çıktığımda, Abdullah b. Ebû Zekeriya (rah) ve Ebû Mahreme (rah) ile birlikteydim.

– (Nereye) gitmek istiyorsunuz? diye sordum.

– Ebû Ümeyye'ye (r.a) gitmek istiyoruz, dediler. Ben,

– Ben de sizinle birlikte gelebilir miyim? dedim.

– İstersen (gel), dediler.

– Bunun üzerine hep birlikte ona gittik. Ebû Ümeyye (r.a), bize yalandan bahsetti ve onun kötülüğünü vurguladı. Ardından,

– Siz, câhiliyye ehlinden daha cimrisiniz. Şüphesiz Allah size, kendi yolunda harcamanızı emretti. İyiliğe, on katından yedi yüz katına, hatta daha fazla sevap verdi, dedi. Ardından şu âyeti okudu: *"Siz hayıra ne harcarsanız, Allah onun yerine başkasını verir. O, rızık verenlerin en hayırlısıdır."* (Sebe' 34/39) Allah'a yemin olsun ki, fetihler kılıçlarla başladı. Kılıçlar, altın ve gümüşle süslenmedi. Onlar ancak demir ve çok sert şeylerle süslendi."

---

206 Ahmed, *Müsned,* 5/178.

۹

299. Abdullah b. Mes'ud (r.a) dedi ki: "İç huzur, kazanç; onu terk etmek zarardır. Namaz nurdur. Sadaka, delildir. Oruç, (cehenneme karşı) sağlam bir kalkandır. Bütün insanlar sabahladığında nefsiyle mubayaa eder. Ya onu (ameli mukabilinde) kurtarır veya onu (şeytana uyarak) helak eder.»."

۹

عَنْ عَبْدِ الرَّحْمنِ بْنِ عَوْفٍ يَقُولُ قَالَ رَسُولُ اللهِ ﷺ: مَا نَقَصَ مَالاً صَدَقَةٌ وَمَا فَتَحَ رَجُلٌ عَلَى نَفْسِهِ بَابَ مَسْأَلَةٍ إِلاَّ فَتَحَ اللهُ عَلَيْهِ بَابَ فَقْرٍ.

300. Abdurrahman b. Avf'dan (r.a) rivayet edildiğine göre, Resûlullah (s.a.v) şöyle buyurdu: *"Sadaka, malı eksiltmez. Dilencilik kapısını açan (dilenmeye başlayan) bir adama, Allah ancak yoksulluk kapısını açar."* [207]

۹

عَنِ الْحَسَنِ قَالَ قَالَ رَسُولُ اللهِ ﷺ: مِنَ الصَّدَقَةِ أَنْ تَعَلَّمَ الْعِلْمَ وَتُعَلِّمَهُ النَّاسَ.

301. Hasan(-ı Basrî)'den (r.a) rivayet edildiğine göre, Resûlullah (s.a.v) şöyle buyurdu: *"İlim öğrenmek ve ilmi insanlara öğretmek, sadakadır."*

---

[207] Ahmed, *Müsned,* 1/193; İbn Ebi'd-Dünya, *Mekârimu'l-Ahlâk,* (168); Taberânî, *es-Sağir,* (142).

❦

302. Heysem b. Cemil'in (rah) şöyle dediğini işittim:
Hasan b. Hayy (rah), yanında hiçbir şey kalmayıncaya ka-
dar tasaddukta bulunuyordu. Ona bir dilenci geldi. Evinin
önünde bulunan çardağı istedi. Hasan (rah), dilenciye çar-
dağı verdi. Nihayet, Hasan (rah) bir miktar para buldu, ka-
mış satın aldı ve evi için çardak yaptı. İnsanlar Hasan'ın
kapısını çardaksız olarak gördüklerinde, yanında (sadaka
olarak verecek) hiçbir şey kalmadığını anlarlardı."

❦

عَنْ طَاوُسٍ قَالَ قَالَ النَّبِيُّ ﷺ: مَثَلُ الَّذِي يُعْطِي مَالَهُ كُلَّهُ وَيَقْعَدُ
كَأَنَّهُ وَارِثُ كَلاَلَةٍ.

303. Tâvûs'dan (rah) rivayet edildiğine göre, Resûlul-
lah (s.a.v) şöyle buyurdu: *"Malının tamamını verip/bağışla-
yıp oturan kimse, kelâle'nin* [208] *varisi gibidir."*

❦

---

[208] Hz. Ebû Bekir'in (r.a) tarifine göre kelâle, vârisleri arasında babası ve
oğlu olmayan kimsedir. Ömer b. el-Hattab'dan rivayet edildiğine gö-
re kelâle, özellikle çocuğu olmayan kimsedir. Taberî der ki: kelâle,
ölüye mirasçı olan baba ve oğlunun dışındaki mirasçılardır. Çünkü
Hz. Câbir'den (r.a) şu sahih haber nakledilmiştir: "Ey Allanın Rasûlü!
dedim. Bana sadece bir kelâle mirasçı oluyor, malımın tümünü vasi-
yet edeyim mi?" Hz. Peygamber (s.a.v), "Hayır" buyurdu. Buradaki
ve yukarıdaki hadiste, kişinin oğlu gibi yakın akrabası olmaması se-
bebiyle malını tamemen dağıtmaması, miras düşen diğer akrabaları
ile fakir Müslümanlar için de pay bırakması tavsiye edilmiştir. (Re-
daksiyon eden)

304. Tâvûs (rah) dedi ki: "İnsanda, 360 tane kemik (eklem) vardır. Her bir kemiğe, her gün bir sadaka gerekir. İyiliği emretmen sadakadır, kötülükten sakındırman sadakadır. Selâm alman sadakadır. Yoldan eziyet verici şeyi kaldırman, sadakadır. Bineğinden, fazla yükü alman sadakadır."

İbn Tâvûs (rah) bunlara şunu da ekledi: "Güzel söz de sadakadır."[209]

ۅ

عَنْ حُذَيْفَةَ قَالَ قَالَ رَسُولُ اللهِ ﷺ: كُلُّ مَعْرُوفٍ صَدَقَةٌ.

305. Huzeyfe'den (r.a) rivayet edildiğine göre, Resûlullah (s.a.v) şöyle buyurmuştur: *"Her iyilik, sadakadır."* [210]

ۅ

عَنْ حُذَيْفَةَ قَالَ قَالَ رَسُولُ اللهِ ﷺ: كُلُّ مَعْرُوفٍ صَدَقَةٌ وَإِنَّ أَخِرَ مَا تَعْلَمُونَ مِنْ كَلَامِ النُّبُوَّةِ الْأُولَى إِذَا لَمْ تَسْتَحِ فَافْعَلْ مَا شِئْتَ.

306. Huzeyfe'den (r.a) rivayet edildiğine göre, Resûlullah (s.a.v) şöyle buyurdu: *"Her iyilik, sadakadır. Sizin, peygamberlikten ilk öğrendiğiniz söz şu olsun «Eğer utanmıyorsan, dilediğini yap.»"* [211]

ۅ

---

[209] Buhârî, *Edebu'l-Müfred*, (422).

[210] Müslim, Zekât, 2/697 (1005); Ebû Dâvûd, Edeb, 4/287 (4947); İbn Ebi Şeybe, *Musannef*, 8/360, 548; Ahmed, *Müsned*, 5/397, 398; Buhârî, *Edebu'l-Müfred*, (233); Ebu Nuaym, *Hilye*, 7/194; Taberânî, *el-Kebîr*, 8/384 (8200).

[211] Ahmed, *Müsned*, 5/383, 405.

عَنْ عَبْدُ اللهِ بْنِ يَزِيدٍ قَالَ قَالَ رَسُولُ اللهِ ﷺ: كُلُّ مَعْرُوفٍ صَدَقَةٌ.

307. Abdullah b. Yezîd'den (r.a) rivayet edildiğine göre, Resûlullah (s.a.v), *"Her iyilik, sadakadır."* buyurmuştur. [212]

৬৽

308. Mücâhid'den (rah) rivayet edildiğine göre, İbn Abbâs (rah), "Zengin veya fakire yapılan her iyilik, sadakadır" demiştir. [213]

৬৽

عَنْ ابْنِ أَبِي مُلَيْكَةَ أَنَّ عَائِشَةَ أَحْصَتْ عِدَّةَ طَعَامِ مَسَاكِينَ فَذَكَرَتْ ذَلِكَ لِلنَّبِيِّ ﷺ فَقَالَ: يَا عَائِشَةُ لاَ تَحْصِي فَيُحْصَى عَلَيْكَ.

309. İbnu Ebî Müleyke'den (rah) rivayet edilmiştir: Âişe (r.anh), fakirlere dağıtılan yemeklerin adedini saydı. Ardından bunu Resûlullah'a (s.a.v) anlattı. Bunun üzerine Resûlullah (s.a.v),

"Ey Âişe, (verdiğini) sayma, (aksi halde) sana da sayılarak verilir" buyurdu.[214]

৬৽

---

[212] Ahmed, *Müsned,* 4/307; Buhârî, Edebu'l-Müfred, (231); İbni Ebi Şeybe, *Musannef,* 8/361.

[213] İbn Ebi Şeybe, *Musannef,* 8/361 (5482); Taberânî, *el-Kebîr,* 10/110 (10047).

[214] Ebû Dâvûd, Zekât, 2/325 (1700); Nesâî, 5/73, 6/71, 108; Ahmed, *Müsned,* 6/108.

حَدَّثَنِي يَزِيدُ بْنِ أَبِي حَبِيبٍ قَالَ كَانَ مَرْثَدُ بْنِ عَبْدِ اللهِ لاَ يَجِيءُ
إِلَى الْمَسْجِدِ إِلاَّ وَمَعَهُ صَدَقَةٌ يَتَصَدَّقُ بِهَا فَجَاءَ ذَاتَ يَوْمٍ وَمَعَهُ
بَصَلٌ فَقُلْتُ: يَا أَبَا الْحَسَنَ مَا تُرِيدُ إِلَى هَذَا يَنْتِنُ عَلَيْكَ ثَوْبُكَ؟
فَقَالَ ابْنُ أَبِي حَبِيبٍ: إِنَّهُ وَاللهِ مَا كَانَ فِي بَيْتِي شَيْءٌ أَتَصَدَّقُ بِهِ
غَيْرَهُ وَإِنَّهُ حَدَّثَنِي رَجُلٌ مِنْ أَصْحَابِ رَسُولَ اللهِ ﷺ أَنَّهُ قَالَ: ظِلُّ
الْمُؤْمِنِ يَوْمَ الْقِيَامَةِ صَدَقَتُهُ.

310. Yezîd b. Ebû Habîb (rah) rivayet etti: Mersed b. Abdullah (rah), mescide geldiğinde mutlaka yanında sadaka olarak verebileceği bir şey getirirdi. Bir gün, yanında bir soğanla geldi. Ben,

– Ey Ebu'l-Hasan, bununla ne yapmak istiyorsun, elbiseni pis kokutuyor, dedim. Bunun üzerine İbn Ebî Habîb (rah) şöyle dedi:

– Allah'a yemin olsun ki, evimde ondan başka sadaka olarak vereceğim bir şey kalmadı. Bana, Resûlullah'ın ashabından bir adam, onun (s.a.v) şöyle buyurduğunu rivayet etti: *"Kıyamet günü müminin gölgesi verdiği sadakalardır."* [215]

๙ะ

311. Rabi b. Kazî'den (rah) rivayet edilmiştir: İbn Ömer'in (r.a) şöyle dediğini işittim:

– İnsanlara verilen şeylerin en üstünü (Allah'a hizmet ettiren) yollardır.

---

[215] Ahmed, *Müsned,* 5/411; Hâkim, *el-Müstedrek,* 1/146; İbn Huzeyme, *Sahih,* 4/95 (2432).

– Yollardan (maksat) nedir? diye sorulunca; İbn Ömer (r.a) şöyle cevap verdi:

– Kişi, devesini veya atını Allah yolunda koşturur ve böylece zamanın hayrını elde etmiş olur.

– Zamanın hayrı nedir? diye sorulunca İbn Ömer (r.a),

–Yol almaktır, dedi. Bunun üzerine Hassan b. Vabısa (rah),

– Yol almaktan gaye Allah yolu mudur? diye sorunca İbn Ömer (r.a),

– Sence bu Allah yolundan başkası mıdır! diye karşılık verdi.

عَنْ عَاصِمِ بْنِ عُمَرَ بْنِ قَتَادَةَ عَمَّنْ أَخْبَرَهُ عَنِ النَّبِيِّ ﷺ قَالَ حَثَّ رَسُولُ اللهِ ﷺ عَلَى الصَّدَقَةِ فَجَاءَ رَجُلٌ بِمِثْلِ الْبَيْضَةِ مِنَ الذَّهَبِ فَقَالَ: يَا رَسُولَ اللهِ مَا تَرَكْتُ لِعِيَالِي شَيْئًا. فَأَخَذَهَا رَسُولُ اللهِ ﷺ فَرَمَاهَا وَقَالَ: يَأْتِي أَحَدُكُمْ بِمَالِهِ وَيَدَعُ عِيَالِهِ لَيْسَ عِنْدَهُمْ شَيْءٌ إِنَّمَا الصَّدَقَةُ عَنْ ظَهْرِ غِنًى.

312. Âsım b. Ömer b. Katâde'den (r.a) rivayet edilmiştir: Resûlullah (s.a.v), sadaka vermeye teşvik etti. Ardından bir adam, yumurta büyüklüğünde altından bir şey getirdi ve,

– Ey Allah'ın Rasûlü, aile fertlerim için herhangi bir şey bırakmadım, dedi. Resûlullah (s.a.v), onun getirmiş olduğu şeyi aldı ve attı. Ardından,

– *Sizden biri malını getiriyor ve yanlarında hiçbir şey olmayan aile fertlerini geride bırakıyor. Sadaka ancak zenginlikten sonradır,* buyurdu. [216]

❦

عَنْ عَبْدُ اللّٰهِ بْنِ مُغَفَّلٍ قَالَ قَالَ رَسُولُ اللّٰهِ ﷺ: نَفَقَةُ الرَّجُلِ عَلَى عِيَالِهِ صَدَقَةٌ.

313. Abdullah b. Muğaffel'den (r.a) rivayet edildiğine göre, Resûlullah (s.a.v) şöyle buyurmuştur: *"Kişinin aile fertleri için yaptığı harcama (nafaka), sadakadır."* [217]

❦

عَنِ الْحَسَنِ يَرْفَعُ الْحَدِيثَ قَالَ: إِذَا أَنْفَقَ الرَّجُلُ عَلَى أَهْلِهِ مِنْ غَيْرِ إِسْرَافٍ وَلاَ إِقْتَارٍ كَانَتْ نَفَقَتُهُ بِمَنْزِلَةِ النَّفَقَةِ فِي سَبِيلِ اللّٰهِ.

314. Hasan-ı Basrî'nin (rah) isnadını Resûlullah'a ulaştırdığı bir hadiste Nebî (s.a.v) şöyle buyurmuştur: *"Kişi, israfta ve cimrilikte bulunmadan ailesine nafaka verse, onun yaptığı bu harcama, Allah yolundaki infak derecesindedir."*

❦

315. Âsım'ın (rah) Şa'bî'den (rah) rivayet ettiğine göre o şöyle demiştir: *"Kişinin kendisine ve ailesine olan harcaması, yedi yüz kat (karşılığı olan) nafakadandır."* [218]

❦

---

216 Dârimî, 1/391; İbn Huzeyme, *Sahih,* 4/98; Hâkim, *Müstedrek,* 1/413.
217 İbn Ebi Şeybe, *Musannef,* 9/106 (6695).
218 İbn Ebi Şeybe, *Musannef,* 9/106 (6696).

عَنْ أَبِي الْمُخَارِقِ قَالَ خَرَجَ النَّبِيُّ ﷺ فِي غَزَاةِ تَبُوكِ فَطَلَعَتْ نَاقَتُهُ
فَقَامَ عَلَيْهَا سَرِيعًا فَمَرَّ بِهِ رَجُلٌ فَقَالَ لَهُ بَعْضُ أَصْحَابِهِ: مَا رَأَيْنَا
كَالْيَوْمِ رَجُلاً أَجْلَدَ وَلاَ أَقْوَى لَوْ كَانَ فِي سَبِيلِ اللهِ! فَقَالَ النَّبِيُّ ﷺ:
إِنْ كَانَ يَسْعَى عَلَى صَبِيَّةٍ صِغَارٍ فَهُوَ فِي سَبِيلِ اللهِ . وَإِنْ كَانَ
يَسْعَى عَلَى وَالِدَيْهِ فَهُوَ فِي سَبِيلِ اللهِ . وَإِنْ كَانَ يَسْعَى عَلَى
نَفْسِهِ لِيُغْنِيهَا فَهُوَ فِي سَبِيلِ اللهِ. وَإِنْ كَانَ يَسْعَى رِيَاءً وَسُمْعَةً
فَهُوَ لِلشَّيْطَانِ.

316. Ebu'l-Muhârik'den (r.a) rivayet edilmiştir: "Resûlullah (s.a.v), Tebuk gazvesine çıktı. Devesine bindi, hemen üzerinde doğruldu. Ardından, bir adam Resûlullah'ın (s.a.v) yanından geçti. Ashabından bir kısmı, Resûlullah'a,

– Bugün gördüğümüz gibi böyle güçlü ve kuvvetli bir adamı (daha önce) görmedik. Allah yolunda cihad etseydi (ne iyi olurdu), dediler. Bunun üzerine Resûlullah (s.a.v),

"Eğer o, küçük bir kız çocuğuna yardım etmek için çalışıp kazanıyorsa, Allah yolundadır. Eğer o, anne babasına yardım etmek için koşuyorsa, Allah yolundadır. Eğer o, nefsinin ihtiyacını gidermek (veya muhtaç olmamak) için çalışıp kazanıyorsa, Allah yolundadır. Ancak eğer o, riya ve itibar için koşuyorsa, şeytana aittir (şeytanın yolundadır)."

عَنْ أَبِي إِسْحَاقَ قَالَ قَالَ رَسُولُ اللهِ ﷺ: إِنَّ الْمُؤْمِنَ لَيُؤْجَرُ فِي كُلِّ
شَيْءٍ حَتَّى فِي اللُّقْمَةِ يَرْفَعُهَا إِلَى فِيهِ امْرَأَتِهِ.

317. Ebû İshâk'tan (rah) rivayet edildiğine göre, Resûlullah (s.a.v) şöyle buyurdu: *"Şüphesiz mümin, her şeyden, hatta hanımının ağzına koyduğu lokmadan dolayı bile sevap alır."* [219]

৺

318. Ümmü Abdullah Seriyye er-Rebî' b. Huseym'den (rah) rivayet edilmiştir ki: Rebî b. Huseym (rah), tam bir somun ekmeği sadaka olarak verir ve şöyle derdi: "Sadakamın parçalanmış (bütünü parça parça edilmiş) olmasından dolayı Rabbimden hayâ ederim" [220]

৺

319. Saîd b. Cübeyr'den (r.a) rivayet edilmiştir: İbn Abbâs'ı (r.a) şöyle derken işittim: "Kim Allah rızası için kardeşine giderse, (attığı) her adım onun için bir sadaka olur. Kim (yol soran birine) bir sokağı gösterirse, onun için bir sadaka olur. Kim (birisi için) bineği üzerinde bir yük taşırsa, onun için bir sadaka olur. Kim yoldan eziyet veren bir şeyi kaldırırsa, bu da onun için bir sadaka olur." [221]

৺

320. Habîb b. Ebû Umra'dan (rah) rivayet edilmiştir; dedi ki: "Saîd b. Cübeyr'i (r.a) gördüm. Zehirli bir kertenkele[222] gördü ve «Kim bunu öldürürse, bu onun için bir sadaka olur» dedi." [223]

---

[219] Ahmed, *Müsned,* 1/173, 177.

[220] Ebu Nuaym, *Hilye,* 2/116.

[221] İbn Ebi Şeybe, *Musannef,* 7/300 (3231).

[222] Abraşlık (alaca tenlilik) hastalığı bulaştıran büyükçe keler, kertenkele

[223] İbn Ebi Şeybe, *Musannef,* 4/42.

321. Ebu'l-Âliye (rah) şöyle dedi: "Her kemiğin, her gün için bir sadakası vardır. İyiliği emretmen ve kötülükten sakındırman bir sadakadır. Yolunu kaybetmiş kimseyi doğru yola ulaştırman ve yoldan eziyet verici şeyi kaldırman bir sadakadır. Aziz ve Yüce olan Allah'ı zikretmen de bir sadakadır."

AİLE İÇİN HARCAMANIN FAZİLETİ

عَنْ طَلْحَةَ بْنِ عُبَيْدِ اللهِ بْنِ كُرَيْزٍ قَالَ قَالَ رَسُولُ اللهِ ﷺ: كُلُّ
مَعْرُوفٍ صَدَقَةٌ وَالدَّالُّ عَلَى الْخَيْرِ كَفَاعِلِهِ.

322. Talha b. Ubeydullah b. Kureyz'den (r.a) rivayet edildiğine göre, Resûlullah (s.a.v) şöyle buyurdu: *"Her iyilik sadakadır; hayra kılavuzluk yapan, işlenmesine vesile olan (da hayrı) işleyen gibidir."*

عَنِ ابْنِ عُمَرَ قَالَ قَالَ رَسُولُ اللهِ ﷺ: إِنَّ الْعَبْدَ الْمُؤْمِنَ يَتَصَدَّقُ
بِالتَّمْرَةِ أَوْ عَدْلِهَا مِنَ الطَّيِّبِ وَلاَ يَقْبَلُ اللهُ إِلاَّ الطَّيِّبَ فَتَقَعُ فِي
يَدِ اللهِ تَبَارَكَ وَتَعَالَى فَيُرَبِّيهَا لَهُ كَمَا يُرَبِّي أَحَدُكُمْ فَصِيلَهُ أَوْ
فَلُوَّهُ حَتَّى تَكُونَ مِثْلَ التَّلِّ الْعَظِيمِ.

323. (Abdullah) İbn Ömer'den (r.a) rivayet edildiğine göre, Resûlullah (s.a.v) şöyle buyurmuştur:

"Şüphesiz mümin kul, temiz bir hurma veya onun benzeri bir şeyi sadaka olarak verir. Ki, Allah ancak temiz (helâl) olanı kabul eder. (Sadaka olarak verilen şey) Allah Tebâreke ve Teâlâ'nın kudret eline konur. Ardından, sizden birinin tayını veya boduğunu yetiştirip (sürüsünü) çoğalttığı gibi, Allah o sadakayı, veren (kimse) için, büyük bir tepe gibi oluncaya kadar onu çoğaltır." [224]

❦

324. Ebû İshâk'dan rivayet edilmiştir: "Eşim, Zeyd b. Erkâm'ın cariyesi ve başka bir kadın, Âişe'nin (r.anh) yanına girdiler. Bir dilenci geldi ve bir şey istedi. Bunun üzerine Hz. Âişe (r.anh) ona buğday daneleri gibi az bir şey verdi ve

– Şüphesiz onda bulunan her bir parçada, birçok hayır vardır, dedi.[225]

❦

325. Tâvûs'dan (rah) rivayet edildiğine göre, Resûlullah (s.a.v) şöyle buyurdu: "Kim bir menihada[226]/bağışta bulunursa, sabah akşam ondan alınan sütün (veya elde edilen sütlü yemeğin) on mislince ona sevap verilir."

❦

---

[224] Ahmed, Müsned, 6/251.

[225] Malik, Sadakat, 2/997.

[226] Menîha, Arapların deve, koyun gibi hayvanı; bir kimseye, sütünden ve yününden istifade etmesi için bir süreliğine vermesine denir. Bu durumda kişi kendisine verilen hayvanları sahiplenmez, ancak onlardan istifade eder.

عَنْ عَدِيِّ بْنِ حَاتِمٍ قَالَ قَالَ رَسُولُ اللهِ ﷺ: اِتَّقُوا النَّارَ وَلَوْ بِشِقِّ تَمْرَةٍ.

326. Adiyy b. Hâtim'den (r.a) rivayet edildiğine göre, Resûlullah (s.a.v), *"(Sadaka olarak vereceğiniz) Yarım hurmayla da olsa, ateşten korununuz!"* buyurmuştur.[227]

عَدِيِّ بْنِ حَاتِمٍ أَنَّهُ سَمِعَ عَدِيًّا يَقُولُ قَالَ رَسُولُ اللهِ ﷺ: اِتَّقُوا النَّارَ وَلَوْ بِشِقِّ تَمْرَةٍ فَإِنْ لَمْ تَجِدْهَا فَبِكَلِمَةٍ طَيِّبَةٍ.

327. Adiyy b. Hâtim'in (r.a), Adiyy'den (r.a) dinlediğine göre Resûlullah (s.a.v) şöyle buyurmuştur: *"(Sadaka olarak vereceğiniz) Yarım hurmayla da olsa, ateşten korununuz! Eğer onu (da) bulamazsanız, güzel bir sözle (cehennem ateşinden) korunun!"* [228]

قَالَ شُعْبَةُ فَقُلْتُ لِعَدِيٍّ عَنِ النَّبِيِّ ﷺ فَقَالَ عَنِ النَّبِيِّ ﷺ قَالَ: إِذَا أَنْفَقَ الرَّجُلُ عَلَى أَهْلِهِ نَفَقَةً يَحْتَسِبُهَا كَانَتْ لَهُ صَدَقَةً.

328. Şu'be (rah) dedi ki: Adiyy'e (r.a),

– Resûlullah'dan (s.a.v) (bildiğin bir hadis var mı?) diye sordum, şöyle cevap verdi,

---

[227] Buhârî, Zekât, 3/283 (1417); Müslim, Zekât, 2/703 (1016); Ahmed, *Müsned,* 4/256, 258; İbn Ebi Şeybe, *Musannef,* 3/110; Taberânî, *el-Kebîr,* 17/89 (207).

[228] Buhârî, Zekât, 3/281 (1413); Menakıb, 6/610 (3595); Nesâî, Zekât, 5/75; Ahmed, *Müsned,* 4/256; Taberânî, *el-Kebîr,* 17/220, 223, 224, 225.

– Evet, Resûlullah (s.a.v) şöyle buyurdu,

"Kişi, ailesine bir harcamada bulunduğunda, bu, onun (vermiş olduğu) bir sadaka olarak kabul edilir." [229]

❦

عَنْ عَبْدِ اللهِ قَالَ: مَنْ مَنَحَ لَبَنًا أَوْ وَرِقًا كَانَ كَإِعْتَاقِ رَقَبَةٍ.

329. Abdullah (b. Ömer) (r.a) şöyle dedi: "Sütünden istifade etmesi için koyun veya keçi bağışlayan veya ihtiyacı olan kimseye para ve eşya bağışlayan kimse, köle azâd etmiş gibi sevap kazanır." [230]

❦

عَنْ جَرِيرِ بْنِ عَبْدِ اللهِ قَالَ حَثَّ رَسُولُ اللهِ ﷺ عَلَى الصَّدَقَةِ فَأَبْطَأَ النَّاسُ حَتَّى بَانَ الْغَضَبُ فِي وَجْهِهِ ثُمَّ إِنَّ رَجُلاً مِنَ الْأَنْصَارِ جَاءَ بِصُرَّةٍ فَأَعْطَاهُ إِيَّاهُ ثُمَّ تَتَابَعَ السَّنَّاسُ حَتَّى رُؤِيَ فِي وَجْهِهِ السُّرُورُ فَقَالَ رَسُولُ اللهِ ﷺ: مَنْ سَنَّ سُنَّةً حَسَنَةً كَانَ لَهُ أَجْرُهَا وَمِثْلُ أَجْرِ مَنْ عَمِلَ بِهَا مِنْ غَيْرِ أَنْ يَنْقُصَ مِنْ أُجُورِهِمْ شَيْئًا وَمَنْ سَنَّ سُنَّةً سَيِّئَةً كَانَ عَلَيْهِ وِزْرُهَا وَمِثْلُ أَوْزَارِ مَنْ عَمِلَ بِهَا مِنْ غَيْرِ أَنْ يَنْقُصَ مِنْ أَوْزَارِهِمْ شَيْئًا.

---

229 Buhârî, İman, 1/136 (55); Nafakat, 9/497 (5351); Müslim, Zekât, 2/695 (1002); Tirmizî, Birr ve's-Sıla, 4/344 (1965); Nesâî, Zekât, 5/69; Abdullah b. Mübarek, *Zühd,* (117); Buhârî, *Edebu'l-Müfred,* (749); Taberânî, *el-Kebîr,* 17/522.

230 Tirmizî, Birr ve's-Sıla, (1957); Ahmed, *Müsned,* 4/272, 285, 296, 300, 304;

330. Cerîr b. Abdullah'dan (r.a) rivayet edilmiştir: "Re-sûlullah (s.a.v), sadaka vermeye teşvik etti. Ancak insanlar (bu konuda) ağır davrandılar, öyle ki, öfke, Resûlullah'ın yüzünde beliriyordu. Sonra Ensârdan bir adam, bir kese (para) ile geldi. (Muhtaç bir kimseye) sadaka verdi. Sonra bir biri ardınca herkes bir şeyler getirdiler, nihayet Resûlul-lah'ın (s.a.v) yüzünde mutluluk belirdi. Ardından, Resûlul-lah (s.a.v) şöyle buyurdu:

"Kim güzel bir âdet/gelenek çıkarırsa, (çıkardığı âde-tin) sevabı, (kendisinden sonra) o fiilde amel edenlerin ecirlerinden hiç bir şey noksan edilmemek üzere onundur. Kim de kötü bir âdet/gelenek çıkarırsa, (çıkardığı âdetin) günahı ile (kendisinden sonra) o fiilde bulunan kimsenin günahı, -günahlarından herhangi bir şey eksilmeksizin-onundur." 231

عَنْ مُنْذِرِ بْنِ جَرِيرِ بْنِ عَبْدِ اللهِ عَنْ أَبِيهِ قَالَ كُنَّا عِنْدَ النَّبِيِّ ﷺ فَأَتَاهُ
قَوْمٌ أَكْثَرُهُمْ مِنْ مُضَرَ بَلْ كُلُّهُمْ مِنْ مُضَرَ مُجْتَابُوا الـــــنِّمَارِ
مُتَقَلِّدِي السُّيُوفِ فَخَطَبَ رَسُولُ اللهِ ﷺ وَحَثَّ عَلَى الـــصَّدَقَةِ
فَذَكَرَ نَحْوًا مِمَّا حَدَّثْنَاهُ أَبُو مُعَاوِيَةَ عَنِ الْأَعْمَشِ عَنْ مُسْلِمٍ عَنْ
عَبْدِ الرَّحْمَنِ بْنِ هِلَالٍ الْعَبْسِي عَنْ جَرِيرِ بْنِ عَبْدِ اللهِ عَنِ النَّبِيِّ ﷺ .

331. Münzir b. Cerîr b. Abdullah (rah), babasından ri-vayet etmiştir: "Biz, Resûlullah'ın (s.a.v) yanındaydık. Ço-ğunluğu, hatta tamamı Mudar kabilesinden olan bir toplu-

---

231 Müslim, İlm, 4/2060, 2/1017; Ahmed, *Müsned,* 4/361, 362.

luk geldi. Kaplan postu giyinmiş, kılıçları boyunlarında asılıydı. Ardından Resûlullah (s.a.v) (onlara) hitap etti ve (onları) sadaka vermeye teşvik etti." [232]

Zikrettiğimiz hadisin benzerini, Resûlullah'dan (s.a.v); Ebu Muaviye, A'meş'den, o da Müslim'den, o Abdurrahman b. Hilâl el-Absî'den, o da Cerîr b. Abdullah'dan rivayet etti.

◈

سَمِعْتُ الْحَسَنَ يَقُولُ قَالَ رَسُولُ اللهِ ﷺ: قَلِيلٌ فِي سُنَّةٍ خَيْرٌ مِنْ كَثِيرٍ فِي بِدْعَةٍ وَخَيْرُ الصَّدَقَةِ مَا أَبْقَتْ غِنًى وَالْيَدُ الْعُلْيَا خَيْرٌ مِنَ الْيَدِ السُّفْلَى وَابْدَأْ بِمَنْ تَعُولُ وَلَنْ تَلَامَ عَلَى كِفَافٍ.

332. Hazm b. Mihrân Hasan-ı Basrî'den (rah), Resûlullah'ın (s.a.v) şöyle dediğini işitmiştir: *"Sünnetin azı, bid'atın çoğundan hayırlıdır. Sadakanın en iyisi, zenginlik halinde verilendir. Üstteki el (yani veren), alttaki elden (yani alandan) daha hayırlıdır. (Harcamaya) bakımı senin üstünde olanlardan başla. (Kendine) Yetecek kadar ayırmış olduğun rızıktan, nafakadan dolayı kınanmazsın."* [233]

◈

Müslim, Zekât, 2/704 (1017); Tirmizî, İlm, (2675); İbni Mâce, Mukaddime, (203); Nesâî, Zekât, 5/75; Ahmed, *Müsned,* 4/357, 358, 360, 361; Taberânî, *el-Kebîr,* 3/2372, 2373, 2374, 2375; Beyhâkî, *Sünen,* 4/175, 176; İbn Ebi Şeybe, *Musannef,* 3/109.

233 Buhârî, Nafakat, 6/189 (5355, 5356); Zekât, (1426); Müslim, Zekât, 1/721; Nesâî, Zekât, 5/69; Ahmed, *Müsned,* 2/245, 278, 288, 402, 475, 476, 480, 524; Beyhâkî, *Sünen,* 4/180, 470; 7/466, 470, 471; İbn Ebi Şeybe, *Musannef,* 3/200.

عَنْ عَدِيِّ بْنِ حَاتِمٍ سَمِعَهُ مِنَ النَّبِيِّ ﷺ أَنَّهُ قَالَ: اِتَّقُوا النَّارَ وَلَوْ بِشِقِّ تَمْرَةٍ فَإِنْ لَمْ تَجِدُوا فَبِكَلِمَةٍ طَيِّبَةٍ.

333. Adiyy b. Hâtim'den (r.a) rivayet edildiğine göre, o, Resûlullah'ın (s.a.v) şöyle buyurduğunu işitmiştir: *"(Sadaka olarak vereceğiniz) Yarım hurmayla da olsa, ateşten korununuz! Eğer onu (da) bulamazsanız, güzel bir sözle (ateşten korunun)!"*[234]

❦

عَنْ أَبِي مُوسَى الْاَشْعَرِيِّ عَنِ النَّبِيِّ ﷺ قَالَ: عَلَى كُلِّ مُسْلِمٍ صَدَقَةٌ. قَالُوا: فَإِنْ لَمْ يَجِدْ؟ قَالَ: يَعْمَلُ بِيَدِهِ يَنْفَعُ نَفْسَهُ وَيَتَصَدَّقُ. قَالُوا: فَإِنْ لَمْ يَفْعَلْ أَوْ لَمْ يَسْتَطِعْ؟ قَالَ: يُعِينُ ذَا الْحَاجَةِ الْمَلْهُوفَ. قَالُوا: فَإِنْ لَمْ يَفْعَلْ أَوْ لَمْ يَسْتَطِعْ؟ قَالَ: يَأْمُرُ بِخَيْرٍ. قَالُوا: فَإِنْ لَمْ يَفْعَلْ أَوْ لَمْ يَسْتَطِعْ؟ قَالَ: يُمْسِكُ عَنِ الشَّرِّ فَإِنَّهُ لَهُ صَدَقَةٌ.

334. Ebû Mûsa el-Eş'arî'den (r.a) rivayet edildiğine göre, Resûlullah (s.a.v),

– *Her müslümanın sadaka vermesi gerekir*, buyurdu.

– Ya (verecek sadaka) bulamazsa? diye soruldu. Resûlullah (s.a.v),

– *Elinin emeğiyle çalışır, (hem) kendisi faydalanır (hem) de tasaddukta bulunur*, buyurdu.

---

[234] Buhârî, Zekât, 3/281 (1413); Menâkıb, 6/610 (3595); Nesâî, Zekât, 5/75; Ahmed, *Müsned*, 4/256; Taberânî, *el-Kebîr*, 17/220, 223, 224, 225.

– Ya (çalışacak gücü bulamayıp) yapamazsa veya (buna) güç yetiremezse? diye soruldu. Resûlullah (s.a.v),

– *Zorda kalmış, üzüntü ve yeis halindeki bir ihtiyaç sahibine yardım eder,* buyurdu.

– Ya (bunu da) yapamaz veya güç yetiremezse? diye soruldu. Resûlullah (s.a.v),

– *Hayrı/iyiliği tavsiye eder,* buyurdu.

– Ya (bunu da) yapamaz veya güç yetiremezse? diye soruldu. Resûlullah (s.a.v),

– *Kendisini kötülükten uzak tutar. Çünkü şüphesiz bu da onun için bir sadakadır,* buyurdu.[235]

૭

عَنِ الضَّحَّاكِ عَنِ النَّبِيِّ ﷺ قَالَ: مَا تَقَرَّبَ الْعَبْدُ إِلَى اللهِ بِشَيْءٍ بَعْدَ أَدَاءِ الْفَرَائِضِ أَحَبُّ إِلَيْهِ مِنْ إِطْعَامِ مِسْكِينٍ.

335. Dahhâk'dan (rah) rivayet edildiğine göre, Resûlullah (s.a.v) şöyle buyurmuştur:: *"Kulu, farzları yerine getirdikten sonra Allah'a (en çok) yaklaştıran şey, Allah'ın hoşlandığı (bir fiil olan) fakirleri doyurmaktır."*

૭

عَنْ مُحَمَّدِ بْنِ الْمُنْكَدِرِ رَفَعَهُ إِلَى النَّبِيِّ ﷺ أَنَّهُ قَالَ: مِنْ مُوجِبَاتِ الْمَغْفِرَةِ إِطْعَامُ الْمُسْلِمِ الثَّغْبَانِ.

---

235 Buhârî, Edeb, 1/447 (6022); Zekât, 3/307 (1445); Müslim, Zekât, 1/699 (55); Nesâî, Zekât, 5/64; Buhârî, *Edebu'l-Müfred,* (225); Dârimî, 2/309; Ahmed, *Müsned,* 4/395, 411; İbn Ebi Şeybe, *Musannef,* 9/108; Beyhâkî, *Sünen,* 4/188.

336. Muhammed b. el-Münkedir'den (r.a) rivayet edildiğine göre, Resûlullah (s.a.v) şöyle buyurdu: *"Muhtaç yani aç bir müslümanı doyurmak, bağışlanma nedenlerindendir."* [236]

❧

عَنْ أَبِي هُرَيْرَةَ قَالَ: مَا تَصَدَّقَ امْرُؤٌ بِصَدَقَةٍ طَيِّبَةٍ وَلاَ يَقْبَلُ اللهُ إِلاَّ طَيِّبًا إِلاَّ وَضَعَهَا حِينَ يَضَعُهَا فِي كَفِّ الرَّحْمَـٰنِ فَإِنَّ اللهَ لَيُرَبِّي لِأَحَدِكُم التَّمْرَةَ كَمَا يُرَبِّي أَحَدُكُمْ فَلُوَّهُ أَوْ فَصِيلَهُ حَتَّى تَكُونَ مِثْلَ الْجَبَلِ.

337. Ebû Hüreyre'den (r.a) rivayet edilmiştir: *"Kişi, temiz bir şeyi sadaka olarak verdiğinde -ki Allah ancak temiz olanı kabul eder-, onu ancak Rahmân'ın kudret eline koymuş olur. Şüphesiz Allah, sizden birinin tayını veya boduğunu büyüttüğü gibi, (sadaka olarak verdiğiniz) bir hurma bile olsa onu büyütür (çoğaltır); nihayet onu dağ gibi yapar."* [237]

❧

عَنْ عَدِيِّ بْنِ حَاتِمٍ عَنِ النَّبِيِّ ﷺ أَنَّهُ ذَكَرَ النَّارَ فَتَعَوَّذَ مِنْهَا وَأَشَاحَ بِوَجْهِهِ ثُمَّ تَعَوَّذَ مِنْهَا وَأَشَاحَ بِوَجْهِهِ مَرَّتَيْنِ أَوْ ثَلاَثًا ثُمَّ قَالَ: اِتَّقُوا النَّارَ وَلَوْ بِشِقِّ تَمْرَةٍ فَإِنْ لَمْ تَجِدُوا فَبِكَلِمَةٍ طَيِّبَةٍ.

---

[236] Hâkim, *Müstedrek,* 2/524.

[237] Buhârî, Zekât, 3/278 (1410); Tevhid, 13/415) (7430); Müslim, Zekat, 2/702 (1014); Tirmizî, Zekat, 3/49 (666); Nesâî, Zekat, 5/75; İbni Mâce, Zekat, 1/590 (1842); Ahmed, *Müsned,* 4/331, 418, 419, 471, 541; Abdullah b. Mübarek, *Zühd,* s. 228 (684); İbn Huzeyme, *Sahih,* 4/93 (2426, 2427).

338. Adiyy b. Hâtim'den (r.a) rivayet edildiğine göre, Resûlullah (s.a.v) cehennemi hatırladı, ardından ondan (Allah'a) sığındı. Yüzünü yana çevirdi, sonra (tekrar) cehennemden (Allah'a) sığındı. Yüzünü ikinci veya üçüncü kez çevirdi. Sonra,

"(Sadaka olarak vereceğiniz) Yarım hurmayla da olsa, ateşten korununuz! Eğer onu (da) bulamazsanız, güzel bir sözle (ateşten korunun)!" buyurdu.[238]

﷽

أَنَّ أَبَا الْخَيْرِ حَدَّثَهُ أَنَّهُ سَمِعَ عُقْبَةَ بْنَ عَامِرٍ يَقُولُ سَمِعْتُ

رَسُولَ اللهِ ﷺ يَقُولُ: كُلُّ امْرِئٍ فِي ظِلِّ صَدَقَتِهِ حَتَّى يُقْضَى بَيْنَ

النَّاسِ أَوْ قَالَ يُحْكَمَ بَيْنَ النَّاسِ. قَالَ يَزِيدُ: وَكَانَ أَبُو الْخَيْرِ لاَ

يُخْطِئُهُ يَوْمٌ أَنْ يَتَصَدَّقَ فِيهِ بِشَيْءٍ وَلَوْ كَعْكَةً وَلَوْ بَصَلَةً.

339. Ebu'l-Hayr (rah), Ukbe b. Âmir'in (r.a) şöyle dediğini rivayet etmiştir: Resûlullah'ın (s.a.v) şöyle buyurduğunu işittim: *"(Ahiret günü) İnsanlar arasında hükmedilinceye veya insanlar arasında karar verilinceye kadar, her kişi sadakasının gölgesi altındadır."* Yezîd (rah) dedi ki: "Ebu'l-Hayr, bir gevrek/çörek veya bir soğan bile olsa sadaka olarak verdiği gün, hataya düşmezdi." [239]

---

238 Buhârî, Edeb, 10/448 (6023); Rikak, 11/417 (1563); Tevhid, 13/474 (7512); Müslim, Zekat, 2/703-704 (67-68); Tirmizî, Kıyamet, 4/611 (2415); İbni Mâce, Zekat, 1/590 (1843); Nesâî, Zekat, 5/75; Dârimî, 1/390; Ahmed, *Müsned,* 4/256, 377; İbn Ebi Şeybe, *Musannef,* 3/110; Abdullah b. Mübarek, *Zühd,* s. 227 (644).

239 Ahmed, *Müsned,* 4/147; Hâkim, *Müstedrek,* 1/416; Abdullah b. Mübarek, *Zühd,* (645); Ebu Nuaym, *Hilye,* 8/181; İbni Huzeyme, *Sahih,* 4/94 (2431); Beyhâkî, *Sünen,* 4/177; Taberânî, *el-Kebîr,* 17/771.

❧

340. İbn Şihâb'dan (rah) rivayet edildiğine göre, Resûlullah (s.a.v) şöyle buyurdu: *"Sadaka veren kul ne güzeldir! Allah, onun arkada bıraktığı şeye karşılık ihsanda bulunur."* [240]

❧

341. Abdullah b. Katâde el-Muhâribî'den (rah) rivayet edildiğine göre Abdullah b. Mes'ûd'un (r.a) şöyle demiştir: "Kişinin sadaka olarak verdiği, sadaka isteyenin eline düşmeden önce, Rabbin kudret eline geçer. Allah onun sadakasını alır ve sadaka isteyenin eline koyar. Ardından: *"Allah'ın, kullarının tevbesini kabul edeceğini, sadakaları geri çevirmeyeceğini ve Allah'ın tevbeyi çok kabul eden ve pek esirgeyen olduğunu hâla bilmezler mi?"* (Tevbe 9/104) âyetini okudu.[241]

---

[240] Abdullah b. Mübarek, *Zühd,* s. 227 (646).

[241] Abdullah b. Mübarek, *Zühd,* s. 227 (647); Abdurrezzâk, *et-Tefsir,* 1/2/287; Taberânî, *el-Kebîr,* 9/411 (8571).

KÖLENİN HAKKI VE İDARESİ

عَنْ أَبِي ذَرٍّ قَالَ قَالَ رَسُولُ اللهِ ﷺ: إِخْوَانُكُمْ خَوَلُكُمْ جَعَلَهُمُ اللّٰهُ تَحْتَ أَيْدِيكُمْ فَمَنْ كَانَ أَخُوهُ تَحْتَ يَدِهِ فَلْيُطْعِمْهُ مِمَّا يَأْكُلُ وَلْيُلْبِسْهُ مِمَّا يَلْبَسُ وَلاَ تُكَلِّفُوهُمْ مِنَ الْعَمَلِ مَا يَغْلِبُهُمْ فَإِنْ كَلَّفْتُمُوهُمْ مَا يَغْلِبُهُمْ فَأَعِينُوهُمْ عَلَيْهِ.

342. Ebû Zerr'den (r.a) rivayet edildiğine göre, Resûlullah (s.a.v) şöyle buyurmuştur: *"(Onlar, köleler) Sizin kardeşleriniz ve yardımcılarınızdır. Allah onları ellerinizin altına (emaneten) koymuştur. Kimin kardeşi elinin altında ise, ona yediğinden yedirsin, giydiğinden giydirsin. Onları altından kalkamayacağı işten sorumlu tutmayınız. Eğer onları, altından kalkamayacakları (bir iş) ile sorumlu tutarsanız, bu konuda onlara yardım ediniz."* [242]

ﻭﺱ

---

[242] Tirmizî, Birr ve's-Sıla, 4/334 (1945).

عَنْ يَزِيدِ بْنِ أَبِي حُبَيْبٍ الْمِصْرِيِّ أَنَّ أَبَا ذَرٍّ أَوْ أَبَا الدَّرْدَاءَ رُؤِيَ

عَلَيْهِ بُرْدَةٌ وَثَوْبٌ أَبْيَضُ وَعَلَى غُلَامِهِ بُرْدَةٌ وَثَوْبٌ أَبْيَضُ فَقِيلَ

لَهُ: يَا أَبَا ذَرٍّ أَوْ أَبَا الــــــدَّرْدَاءِ لَوْ أَخَذْتَ هَذِهِ الْبُرْدَةَ وَأَعْطَيْتَ

غُلَامَكَ هَذَا الثَّوْبَ أَوْ أَخَذْتَ مِنْ غُلَامِكَ الــــثَّوْبَ وَأَعْطَيْتَهُ

الْبُرْدَةَ كَانَا ثَوْبَيْنِ مُتَّفِقَيْنِ. فَقَالَ: إِنِّي سَمِعْتُ رَسُولُ اللّٰهِ ﷺ يَقُولُ:

أَلْبِسُوهُمْ مِمَّا تَلْبَسُونَ وَأَطْعِمُوهُمْ مِمَّا تَأْكُلُونَ.

343. Yezîd b. Habîb el-Mısrî'den (rah) rivayet edilmiştir: Ebû Zerr (r.a) (veya Ebu'd-Derdâ), üzerinde bir cübbe ve beyaz bir elbise; kölesinin üzerinde de bir cübbe ve beyaz bir elbise (giymiş oldukları halde) göründü. Ardından ona,

– Ey Ebû Zerr (veya Ebu'd-Derdâ), sen bu cübbeyi alsan ve kölene bu elbiseyi versen veya kölenden bu elbiseyi alsan da bu cübbeyi versen, birbirine uygun iki elbise (olmaları daha iyi) olmaz mı? denildi. Bunun üzerine (Ebû Zerr veya Ebu'd-Derdâ),

"Ben, Resûlullah'ın (s.a.v) şöyle buyurduğunu işittim, dedi: *"Onlara, giydiklerinizden giydirin, yediklerinizden yedirin."* 243

❧

344. Ebû Leylâ'dan (rah) rivayet edildiğine göre, Selmân-ı Fârisi (r.a), hayvanının yükünden dökülmüş olan bir (parça) saman gördü. Bunun üzerine kölesine, "Eğer kısastan korkmasaydım, seni cezalandırırdım" dedi.244

---

243 Müslim, Zühd, 4/2301 (3007); Buhârî, *Edebu'l-Müfred,* (187).
244 Buhârî, *Edebu'l-Müfred,* (182).

☙

345. Hasan-ı Basrî'den (rah) rivayet edilmiştir: Bir adam, kölesini dövüyor ve kölesi de "Allah'a sığınırım! Allah'a sığınırım," diyorken, aniden Resûlullah (s.a.v) çıkageldi. Resûlullah (s.a.v), köleyi dövdüğünü görünce elinden aldı ve,

– *Allah'tan kork! O, bu haldeyken senin onu dövmen doğru mu?* buyurdu. Adam,

– Şüphesiz ben (senin Allah'ın Rasûlü olduğuna) şehadet ederim ki, bu (yaptığım davranış), Allah'ın rızası içindir, dedi. Bunun üzerine Resûlullah (s.a.v),

– *Nefsim kudret elinde olan (Allah')a yemin ederim ki, eğer sen o şehâdeti söylememiş olsaydın, ateşin izi yüzüne vururdu,* buyurdu.[245]

☙

عَنِ الْحَسَنِ عَنِ النَّبِيِّ ﷺ قَالَ: اَلْمَمْلُوكُ أَخُوكَ فَإِنْ عَجَزَ فَخُذْ مَعَهُ مَنْ رَضِيَ فَلْيُمْسِكْ وَمَنْ لاَ فَلْيَبِعْ وَلاَ تَعَذِّبُوا خَلْقَ اللهِ الَّذِي خَلَقَ.

346. Hasan-ı Basrî'den (rah) rivayet edildiğine göre, Resûlullah (s.a.v) şöyle buyurmuştur: *"Köle, senin kardeşindir. Eğer aciz (ya da zorda) kalırsa, onu razı olduğu kimseye götür ki, ona sahip çıksın. Eğer (böyle biri) yoksa (o kimse) kölesini satsın. Sizler, Allah'ın yaratmış olduğu mahlûkata eziyet etmeyiniz."* [246]

---

245 Müslim, İman, 3/1278 (1659); Ebû Dâvûd, Edeb, 5/61; Buhârî, *Edebu'l-Müfred,* (171).

246 Buhârî, *Edebu'l-Müfred,* (188, 199).

☙

عَنْ أَبِي هُرَيْرَةَ عَنِ النَّبِيِّ ﷺ قَالَ: لِلْمَمْلُوكِ طَعَامُهُ وَكِسْوَتُهُ وَلاَ
يُكَلَّفُ مِنْ الْعَمَلِ إِلاَّ مَا يُطِيقُ.

347. Ebû Hüreyre'den (r.a) rivayet edildiğine göre, Re-
sûlullah (s.a.v) şöyle buyurdu: *"Kölenin yeme ve giyme
hakkı vardır. Güç yetiremeyeceği şeyden de sorumlu tutu-
lamaz."* [247]

☙

عَنْ بَكْرِ بْنِ سَوَادَةَ أَنَّ رَجُلاً اشْتَرَى عَبْدًا فَأَتَى بِهِ النَّبِيَّ ﷺ فَقَالَ:
اُدْعُ اللهَ لِي بِالْبَرَكَةِ. فَدَعَا لَهُ فَفَعَلَ ذلِكَ ثَلاَ ثًا أَوْ أَرْبَعًا. فَقَالَ
رَسُولُ اللهِ ﷺ: لاَ خَيْرَ لَكُمْ فِي كَثْرَتِهِمْ. قَالَ بَكْرٌ: فَحَدَّثْتُ بِهَذَا
الْحَدِيثِ فِي مَجْلِسٍ بِالشَّامِ، فَقَالَ رَجُلٌ مِنْهُمْ: هُوَ جَدِّي.

348. Bekir b. Sevâde'den (r.a) rivayet edilmiştir: Bir
adam, bir köle satın aldı. Sonra onu Resûlullah'a (s.a.v)
getirdi ve,

– Bana bereket vermesi için Allah'a dua et, dedi. Bu-
nun üzerine Resûlullah (s.a.v) da onun için dua etti. Adam
bunu üç veya dört defa tekrarladı. Resûlullah (s.a.v),

*"Kölelerinizi(n sayısını) arttırmada sizin için hayır yok-
tur"* buyurdu.

---

[247] Müslim, İman, 3/1283 (1662); Beyhâkî, *Sünen*, 8/6, 626; Ahmed, *Müs-
ned*, 2/247; Buhârî, *Edebu'l-Müfred*, (192, 193); Abdurrezzâk, *Musan-
nef*, (17967); Humeydî, *Müsned*, (1155); Ebu Nuaym, *Hilye*, 8/181.

Bekir dedi ki: Bu hadisi, Şam'daki bir mecliste anlattım. Onlardan bir adam, "O adam benim dedemdir," dedi.

❧

عَنْ زَيْدٍ مَوْلَى ابْنِ عَبَّاسٍ أَنَّ رَجُلاً أَتَى النَّبِيَّ ﷺ فَقَالَ: يَا رَسُولُ اللهِ إِنَّ خَادِمِي يَسِيءُ وَيَظْلِمُ أَفَأَضْرِبُهُ ؟ قَالَ: اضْرِبْهُ بِقَدْرِ ذَنْبِهِ. قَالَ: أَسُبُّهُ ؟ قَالَ: أُسْبُبْهُ بِقَدْرِ ذَنْبِهِ.

349. İbn Abbas'ın (r.a) kölesi Zeyd'den (r.a) rivayet edilmiştir: Bir adam, Resûlullah'a (s.a.v) geldi ve,

– Ey Allah'ın Rasûlü, hizmetçim kötülük yapıyor ve zulmediyor. Onu döveyim mi? diye sordu. Resûlullah (s.a.v),

– *Onu, suçu kadar döv,* buyurdu. Adam,

– (Yaptığı kötü ve çirkin işlerden ötürü) ona ağır konuşayım mı? dedi. Resûlullah (s.a.v),

– *Ona, suçu kadar ağır konuş,* buyurdu.[248]

❧

350. Ebu'l-Âliye (rah) şöyle dedi: "Bizler hizmetçilerimize, (alacağımızı alırken ve vereceğimizi verirken) ölçmekle ve tartmakla emrolunduk. Çünkü onların bir daha eski kötü ahlaklara dönmelerini istemiyorduk ve de içimizden birilerinin onlar hakkında su-i zan beslemesini hoş karşılamıyorduk. (Bizler böyle yaparak onlar hakkında oluşabilecek kötü düşünceler ve onların meyledebileceği kötü işlere) bir son vermiş olduk." [249]

248 Ebû Dâvûd, (5164); Tirmizî, (1949); Ahmed, *Müsned,* 2/90; Buhârî, *et-Tarih,* 7/4; Beyhâkî, *Sünen,* 8/10.

249 Buhârî, *Edebu'l-Müfred,* (167, 168, 169).

◆₷

351. İbn Ebû Müleyke'den (rah) rivayet edildiğine göre, Ebu Mahzûra (rah) şöyle anlatmıştır: "Ömer'in (r.a) yanında oturuyordum. Aniden Safvan b. Ümeyye (r.a), beraberinde, içinde et bulunan bir tencereyle birlikte Ömer'in (r.a) yanına geldi. Tencereyi adamın biri, bir abanın içinde taşıyordu. Tencere Ömer'in (r.a) önüne koyuldu. Bunun üzerine Ömer (r.a), fakir insanları ve etrafına toplanmış köleleri sofraya çağırdı. Onlar da onunla birlikte yediler. Yemek esnasında,

– Bir kavmin insanları, hizmetçileriyle ve köleleriyle yemek yemekten kaçınırsa, Allah o topluluğa buğzeder, dedi.

Safvan (r.a),

– Allah'a yemin olsun ki biz onlardan yüz çevirmiyoruz. Nevar ki, kendimizi onlara tercih ediyor ve iyi bir yemekle karşılaşmadığımızda yemiyor, onlara yediriyorduk, dedi.[250]

---

[250] Buhârî, *Edebu'l-Müfred,* (201).

BİBLİYOGRAFYA

Kur'an-ı Kerim.

Abdullah b. Muhammed b. Ebi Şeybe, *el-Kitâbu'l-Musannef fi'l-Ehâdis ve'l-Âsâr,* Daru's-Selefiyye, Hindistan.

Abdullah b. Mübarek el-Mervezî, *Zühd ve'r-Rekâîk,* (thk. Habiburrahman el-A'zamî), Hindistan, 1385.

Abdurrahman b. Ebi Hatim er-Râzî, İbn Ebi Hatim, *el-Merâsil,* (ta'lik: Ahmed İsam el-Katib), 1. bas., 1403, Daru'l-Kütüb el-İlmiyye, Beyrut.

Ahmed b. Hanbel, *Müsned,* Mustafa el-Babî el-Halebî, Kahire, 1313.

Ahmed b. Huseyn b. Ali el-Beyhakî, *es-Sünenu'l-Kübrâ,* Hindistan bas., 1352.

Ahmed b. Muhammed b. İshak ed-Dineverî, İbnu's-Sinnî, *Amelu'l-Yevm ve'l-Leyle,* 2. bas., Mektebetu'l-İmdadiyye, Mekke, (278)

Ahmed b. Şuayb en-Nesâî, *Süneni Nesâî,* Matbaatu'l-Meymene, Mısır, 1312.

Ali b. Ebi Bekr el-Heysemî, *el-Mecma'u'z-Zevâid ve Menba'u'l-Fevâid,* Daru'l-Küttâb, Beyrut, 1967.

Ali b. Ömer ed-Dârakutnî (v. 385), *Süneni Dârakutnî,* (tsh. Seyyid Abdullah Haşim el-Yemanî), 1386.

Ebu Muhammed Abdullah b. Muhammed b. Abdurrahman, *Süneni Dârimî,* Daru İhyai's-Sünneti'n-Nebeviyye.

Ebu'l-Huseyn Müslim b. El-Haccac en-Neysaburî, *Sahihu Müslim,* (thk. Muhammed Fuad Abdülbaki), Daru İhyai't-Turas el-Arabî, Beyrut.

Ebu'l-Kasım Süleyman b. Ahmed et-Taberânî, *Mu'cemu's-Sağir,* (tsh. Abdurrahman Muhammed Osman), el-Mektebetu's-Selefiyye, Medine.

Hafız Ebu Abdullah el-Hâkim en-Neysâbûrî, *el-Müstedrek ale's-Sahihayn,* Mektebu'l-Matbuatu'l-İslâmiyye, Halep.

Hafız Ebu Bekr Abdullah b. ez-Zübeyr el-Humeydî, *Müsned,* (thk. Şeyh Habiburrahman el-A'zamî), Mektebetu's-Selefiyye, Medine.

Hafız Ebu Bekr Abdurrezzâk b. Hemmâm es-San'anî, *el-Musannef,* (thk. Şeyh Habiburrahman el-A'zamî), 1. baskı, 1390, Menşuratu'l-Meclisi'l-İlmi.

Hafız Ebu Nuaym Ahmed b. Abdullah el-İsfehanî, *Hilyetu'l-Evliya,* Mektebetu's-Selefiyye, Medine, 2/273.

Hafız İmam Ebu'l-Kasım Süleyman b. Ahmed ed-Taberânî, *ed-Dua,* (thk. Muhammed Said b. Muhammed Hasan el- Buhârî), Daru'l-Beşâiri'l-İslâmiyye, Beyrut, 1. bas.

Hafız Nureddin Ali b. Ebi Bekr el-Heysemî, *Keşfu'l-Estar an Zevâidi'l-Bezzâr,* (thk. Şeyh Habiburrahman el-A'zamî), 1. bas., Müessesetu'r-Risale, 1399.

İbn Ebi'd-Dünya, *Mekârimu'l-Ahlâk,* (thk. Faruk Hammade), Daru'r-Reşad el-Hadise, Daru'l-Beyda.

İbn Hümam, *Fethu'l-Kadir,* Beyrut, Daru's-Sadr, 1315.

İbn Sa'd Ebu Abdullah Muhammed b. Muni' el-Basrî, *et-Tabakâtu'l-Kübrâ,* (thk. Dr. İhsan Abbas), Daru Beyru li't-Tıbaa ve'n-Neşr, Beyrut.

Malik b. Enes, *Muvatta,* (thk. Muhammed Fuad Abdülbâkî), Daru İhyai'l-Kütübi'l-Arabiyye, Kahire

Molla Hüsrev, Dureru'l-Hukkâm fi Şerhi Gureri'l-Ahkâm, İstanbul, 1307.

Muhammed b. Cerir et-Taberî, *Câmiu'l-Beyân an Te'vili Âyi'l-Kur'ân, (Tefsiru't-Taberî),* (thk. Ahmed Muhammed Şakir), Mısır, 1321.

Muhammed b. İsa et-Tirmizî, *el-Camiu't-Tirmizî,* (thk. Ahmed Muhammed Şakir, Muhammed Fuad Abdülbaki, İbrahim Atve), Mektebetu'l-İslâmiyye.

Muhammed b. İsmail b. İbrahim el-Buhârî, *Fethu'l-Bâri Şerhu Sahihi'l-Buhârî,* (Şerh: İbn Hacer el-Askalanî), Tab'atu's-Selefiyye, Kahire.

Muhammed b. İsmail b. İbrahim el-Buhârî, *Edebu'l-Müfred,* (trc. ve şerh: Ali Fikri Yavuz), Alperen Yayınları, Ankara, 2002.

Muhammed b. İsmail b. İbrahim el-Buhârî, *Edebu'l-Müfred,* Taşkent bas., 1390.

Muhammed b. İsmail b. İbrahim el-Buhârî, *Tarihu'l-Kebîr,* Daru'l-Kütübi'l-İlmiyye, Beyrut.

Muhammed b. İsmail b. İbrahim el-Buhârî, *Tecrîd-i Sarih* (Sahih-i Buhârî ve Şerhi), (çev. ve şerh: Ahmed Naim-Kamil Miras), DİB Yayınları, Ankara.

Muhammed b. Yezid el-Kazvînî, *Süneni İbn Mâce,* Tab'atu Muhammed Fuad Abdulbâkî.

Süleyman b. Eş'as es-Sicistânî, *Süneni Ebû Dâvûd,* (thk. Muhammed Muhyiddin Abdulhamid), Matbaatu's-Saade, Kahire, 1369.

Taberânî, *Mu'cemu'l-Kebîr,* (thk. Şeyh Hamdi es-Selefî), Matbaatu'l-Vatan el-Arabî ve Matbuatu'l-Ümmet, Bağdad.

SİRACEDDİN ÖNLÜER

EDEP YÂ HÛ!

ALLAH DOSTLARININ
ÖRNEK AHLÂKI

1

İSLÂM AHLÂKI DİZİSİ

SEMERKAND

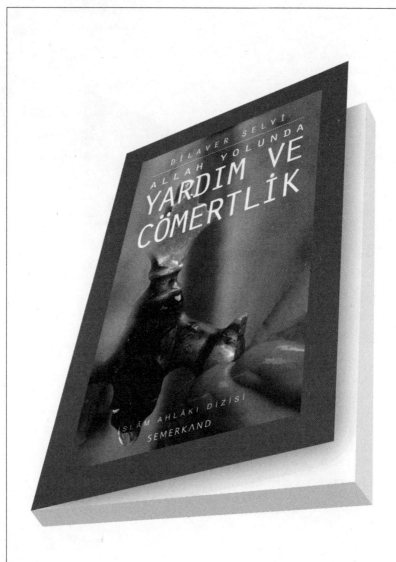